지허스님의 토굴일기
사벽의 대화

개정판
지허스님의 토굴일기 사벽의 대화

초판 1쇄 | 2010년 11월 1일
2판 1쇄 | 2011년 8월 8일
3판 1쇄 | 2012년 1월 20일
개정판 1쇄 | 2016년 6월 15일
   2쇄 | 2016년 7월 8일
   3쇄 | 2024년 10월 10일

지은이 | 지허
펴낸이 김인현

디자인 | 끄레어소시에이츠
인쇄 | 금강인쇄(주)

펴낸곳 | 도피안사
출판등록 | 제2000년 8월(제19-52호)
주소 | 경기도 안성시 죽산면 거곡길 27-52(용설리 1178-1)
전화 | (02) 419-8704
팩스 | (02) 336-8701
이메일 | dopiansa@daum.net
홈페이지 | http://www.dopiansa.or.kr

ⓒ 지허, 2016
ISBN 978-89-90562-51-7 03220

책값은 뒤표지에 있습니다.
잘못된 책은 바꿔드립니다.
이 책의 내용 전부 또는 일부를 다른 곳에 사용하려면
반드시 저자와 출판사의 서면으로 된 동의를 받아야 합니다.

頓悟頓修 2

사벽의 대화

지허스님의 토굴일기

DOPIANSA

책을 펴내며
진리의 길, 스님의 길!

　어느 때, 어디서나 후학은 선학의 자취를 찾아야 하고, 학인은 고인古人의 발자국을 따라야 한다. 모름지기 후학이나 학인은 자기가 바로 세워질 때까지는 철저하게 벗어나지 말아야 불법공부에 성과가 있고, 벼랑에서 떨어질 위험에서 벗어난다. 수행인생을 살면서 조금만 생각해 본 사람이라면 누구나 쉽게 느낄 수 있는 일이다.
　오늘날 우리들 불자신앙의 행태는 '출가·재가'를 막론하고 되돌아봐야 할 점이 많다. 보다 더 과거의 사표에 의지하고 선각자의 규범을 따라야 한다는 뜻이다. 이에 즈음하여 수행의 사표가 되고 규범이 될 문헌이 발굴되었다. 바로 이 『사벽의 대화』이다. 이 원고는 오랜 세월 창고에서 휴식 아닌 동면에 있다가 바야흐로 때를 만나 이제 동면을 벗어나게 되었다.

　이 원고의 저자인 지허스님에 대해서 우리는 어느 정도 알고 있다. 『선방일기』를 통해서일 것이다. 사실, 필자도 『광덕스님 시봉일기』 작업 시에 「대한불교신문」에서 이 원고를 여러 번 보았지만, 그 때는 책으로 발간할 생각을 못하고 지나쳤었다. 얼마 전 지인으로부터 권유를 받고서야 '아차!'하고 무릎을 쳤는데, 그것도 시절인연인지 모르겠다.

바로, 근현대 불교사 연구에 매진하고 있는 지허거사 김광식 교수의 제안과 권유가 출판에 결정적 계기가 되었다. 이런 인연으로 이 책을 발간함에 출판사가 세운 원칙은 가능한 원형을 유지한다는 것이었다.

그러나 당시의 인쇄는 활판이었고 언어습관도 현재와는 많이 달랐다. 따라서 독자의 이해를 돕기 위하여 부득이 하게 첨가를 하였고, 어려운 용어에는 한자를 새로 찾아 넣어 뜻을 분명하게 했다. 고전이나 좀 지난 글도 풀어쓰기가 유행인 지금, 어쩔 수 없이 독자의 편의를 도모하지 않을 수 없었다. 또 원고자체가 아닌 처음 신문 인쇄의 조판 과정에서 나온 오탈誤脫이라고 분명하게 생각되는 것은 자구를 수정하여 문맥이 통하도록 했고, 시대에 따라 바뀐 어휘, 이 또한 부득이 바꿨다. 그래도 해독이

불분명한 한 두 곳은 '불통' 그대로 두었다. 그리고 이 번 보완판에서는 본문 하단에 주를 부쳐서 한층 독자들에게 다가갔다.

사실, 필자는 이 글을 처음 대했을 때 "엉엉!" 소리쳐 울고 싶은 심정이 들었다. 글에 배어 있는 수행자의 다함없는 진정성과 쇠라도 녹일 뜨거운 구도열, 자신에게 몹시 엄격한 수행의 자세와 차원 높은 불교철학 등, 같은 수행자로서 미치지 못하는 내 자신의 부족감 때문이었다.

이 『사벽의 대화』가 오랜 동면에 있다가 이제 깨어남에, 현칙스님의 『산중일지山中日誌 2003년 8월』와 법정스님의 여러 책들과는 그 궤를 같이하는 한 흐름이라고 볼 수 있겠다. 글 쓴 분들이 바로 당대의 '스님지성인'들이라는 점이다. 시대나 자신의 고뇌를 가지고 쓴 수행자 본분의 글들이다.

이제, 이 글을 출판함에 주인공 두 스님께 경의를 표한다. 아울러 이 출판으로 두 스님의 치열한 구도행이 널리 전파되어 모든 수행자들이 전범으로 삼는 기회가 되기를 발원한다. 아, 이로써 현재와 미래의 한국불자들에게 분명 거울과 지남이 될 것이다.

끝으로 이 책에 대한 출판 권유, 그리고 해제를 쓰고 다시 저자에 대한 자료조사를 충실히 하여 사실에 더 가까운 기록을 해준 김광식 교수님, 평론을 쓴 장영우 교수님, 심적암을 순례동행한 심정섭 기자님, 난해하기 그지없는 원고를 입력해 준 최혜리 님, 편집을 담당한 나라연기획에 감사를 전한다. 한국불교의 경사임을 절감하고 환희하며…….

단기 4344(2555·2011)년 10월
주를 달고 사진을 넣은 3판을 내며
송암지원 합장

두 번째 쓰는 머리말
사벽의 대화를 이해하기 위한 제언

'무상無常·무아無我'가 고苦라는 불교 일부의 삼법인三法印에 대한 해석은 못 미치고 부족하며 왜곡이라고 본다. 제행무상諸行無常, 그 궁극에 이르면 공空이다. 제법무아諸法無我, 그 궁극에 이르면 공이다. '제행諸行'이나 제법諸法은 통틀어 일체一切다. 일체는 쪼갤 수 있는 것이다. 쪼갤 수 있는 것의 궁극은 역시 공이다. '무상無常·무아無我'는 공空이 맞다. 이는 대승불교의 아버지라고 칭송되는 용수보살의 위업偉業이다. 용수보살을 제2의 석가모니라거나 석가모니부처님의 후신이라고 말한 것이 맞다.

공空 가운데 고苦는 없고, 고苦라는 그 이름조차 아예 없다. '무상無常·무아無我'의 궁극이 공이기 때문이다. 따라서 '무상無常·무아無我'를 말할 때는 두 단어를 같이 말해야 하고, 되레 공空을 설명할 때는 '무상無常·무아無我'를 풀어서 말하면 된다.

이에 분명한 사실은 '무상無常·무아無我'에 대한 철견徹見이 없으면 공은 헤아림이고 무지無知이며, 오락가락하는 흰 구름이다. 반쪽 불자佛子이고 흉내 불자이다. 해서, 마냥 부족한 생각에 안주하여 '고苦타령', '고苦놀음'에 빠져 그게 불교인양 치부하고 오도誤導하고 있다. 불교가 '고苦타령'을 벌이는 한 창조적인 삶과는 아득히 거리가 멀고, 현대문명이나 현대인을 계도할 수 없게 된다.

  오로지 '무상無常·무아無我'의 대법大法을 흔쾌히 받아들여 자신 가운데서 심화시켜야 한다. 이 대법에 대한 생각의 힘을 키워야 한다. 비로소 일상생활에서 자유롭고 가진 만큼 얻은 만큼이라도 언제 어디서나 그 법을 쓸 수 있다. 일체 시(二六時中) 일체 처에서 자기(法鏡:無常·無我)가 자기(身·口·意)를 분명하게 바라보는 것이 법을 쓰는 것이며, 법에 의한 바른 생각인 정념正念이고, 바른 삼매이며 바른 일상인 맑고 밝은 삶(淨光不二)이 된다. 새롭게 디자인을 해 준 끄레 어소시에이츠의 노고에 감사를 드린다.

단기 4349(2560·2016)년 6월
송암시원 합장

차례

책을 펴내며 진리의 길, 스님의 길! _ 송암   4

두 번째 쓰는 머리말 사벽의 대화를 이해하기 위한 제언 _ 송암   8

재회再會   13

토굴정경土窟情景   20

간경생활看經生活   44

우거寓居   59

고행苦行   66

나신裸身   72

그림자　80

정신과 육체　100

가능성과 한계성　112

이해와 사랑　149

회상回想　173

종언終焉　188

해제『사벽의 대화』를 읽고 _ 김광식/동국대 교수　196

평론 철저한 '구도'와 '보살정신'의 실천 _ 장영우/동국대 교수　216

심적암 순례기 두 수좌, 목숨 건 수행현장에서 한국불교의
　　　　　　 밝은 내일을 만나다 _ 심정섭/법보신문 기자　239

*「대한불교」에 있는 본래의 부제는 "지허스님의 신앙수기"다.

재회 再會

지게를 처마 밑으로 치우는 사람은 틀림없는 토굴 주인인 석우당石牛堂이었다. 나는 합장하여 고개 숙인 후 그에게로 나가섰다. 석우당은 인색의 변화 없이 조용히 나를 바라보더니 나의 손길을 잡아 이끌었다.

"지허당知虛堂이구려! 방으로 들어갑시다. 남방엔 매화가 만발했겠지만 여긴 아직 엄동이라 한파가 대단하외다."

임인王寅年 1962년년 음력 2월 16일, 절기는 춘분이었다. 나는 함박산록咸朴山麓의 일우인 심적深寂을 향해 걸었다. 누더기에 바랑을 걸머지고 박달나무 지팡이를 짚었다. 정암사淨岩寺 강원도 정선군 고한읍 고한 15리 산213번지에 있는 절. 적멸보궁 중의 한 곳에서 곧장 북쪽으로 치달린 산길을 따라 이십여 리를 올라가야 했다.

지난밤 춘설이 분분했던 탓으로 산간 소로는 찾을 길이 없었다. 기껏해야 늦은 여름이나 초가을에 약초를 찾아 헤매는 채약꾼들이 서너 패 지나다니는 길이고 보니 초봄에 길이 트일 리가 없었다.

나는 물소리마저 잠들어 버린 개울을 따라 치걸었다. 개울 끝을 쫓으면 고개가 있겠고 고개에 오르면 사방을 식별하기가 쉽기 때문이었다. 산은 잠들어 있었다. 태곳적 정적이 원시림 사이사이를 누비고 있을 뿐 환절기라 북풍도 남풍도 없었다. 오직 무덤 속의 고요가 있을 뿐이었다. 나는 스스로의 작위에 멈칫 놀라 뒤돌아보기를 여러 차례 거듭했다. 쌓인 눈을 찍는 지팡이 소리와 그 자취가 너무도 내 스스로를 위압하여 오고 있었다. 그것은 하나의 포외怖畏였다. 초행의 심산미로深山迷路 위에 깃든 정적이 죽도록 싫었기에 높은 소리로 염불을 외워 그 포외를 몰아내며 걸었다.

"나무아미타불, 관세음보살……."

일찍이 장자莊子는 『남화진경南華眞經』에서 '대지한한大知閑閑 소지한한小知閒閒 큰 지혜는 한가하고 너그러우나 하잘 것 없는 지혜는 사소한 것을 따지려 드다. 여기의 大知는 大智와 같고 小知는 小智와 같다이라 했다니 그는 이미 하늘의 의미와 내용을 통달했던가 보다.

나는 염불을 멈추고 기갈을 달래느라 허리띠를 졸라맨 후 계곡의 맨 마지막을 향하여 부지런히 지팡이 끝을 놀렸다.

오를수록 산은 가팔라졌고 냉기는 더했다. 비탈에 쌓인 눈들은 겨우내 토끼새끼 한 마리 굴리지 못해 무료하던 차에 잘되었다는 듯이 나를 엎어 뜨리고 미끄러뜨리고 뒹굴게 하는 것이다.

무섭게도 비탈진 산마루에 가까워졌을 때 나는 지팡이가 헛딛는 바람에 꽤 오래 내리 굴렀다. 잎을 완전히 날려 버린 앙상한 가지 위에 눈을 자랑스레 얼어 붙이고 있는 활엽수의 거목 밑동에 걸려 간신히 죽음을 면할 수 있었다.

나는 거목에 기대앉아 비탈의 백설을 적의와 원성이 서린 눈초리로 바라보았다. 내가 걸친 낡은 누더기는 애초의 잿빛이 바래서 겨울의 눈(雪)빛과 다름이 없었다. 옷에 눈이 묻었는지 눈에 옷이 묻혔는지 알 길이 없었다. 동종집합同種集合 (성질이)같은 것끼리는 서로 당겨 모임. 유유상종이요 이종이산異種離散 (성질이)다른 것끼리는 서로 밀어 흩어짐이기에 백설이 친절히 나를 포용하려 했나 보다.

나의 적의와 원망의 적的이 되어 나의 시야에 들어왔던 백설이 햇빛을 받아 옥색으로 영롱히 구슬을 빚고 있었다. 나는 햇빛에 나의 누더기를 비춰 보았다. 그러나 나의 누더기는 보면 볼수록 백설과는 숙적인 땟국투성이였다. 시계視界의 거리감 때문일까, 회화의 앙상블 때문일까, 아니면 식계識界의 분별심 때문일까…….

나는 한동안 피彼 눈(雪)을 지칭와 차此 누더기를 지칭를 어름하다가 급기야는 누더기에 묻은 눈을 털고 다시 비탈길을 기어오르면서 '유야무야有也無也'라는 나의 화두話頭 이야기의 실마리를 붙잡았다. 흰 눈이 유有인지 내가 무無인지, 내가 유인지, 흰 눈이 무인지? 심산의 정적에 포외감怖畏感 무섭고 두려움을 일으키고 기갈에 허덕이는 나로서는 알 길이 없었다.

고개(嶺)에 오르니 돌연 안계眼界가 무한광대해졌다. 가까이 함박산 상봉이 손짓하는 듯하였고, 그 너머로 태백산 만경대太白山萬景臺가 적설에 눌려 애잔하게 조망되었다. 태백산을 타고 내려온 연화산蓮華山 너머로 보여야 할 동해는 구름인지 안개인지 분간 못할 괴물에 덮여 짙은 회암색만 보여줄 뿐이었다.

시계를 낮추고 좁혀 근경近景을 살피니 구릉丘陵에 싸인 황지黃池 고을이 저 아래 널려 있고, 거의 발밑으로 동공을 굴렸을 때는 바로 내가 찾는 '심적深寂'의 토굴이 눈더미 속에서 외줄기 연기를 감아올리고 있었다.

정암사淨岩寺 부목절에서 땔나무를 하는 사람. 불목지기노인이 가르쳐준 대로 골짜기를 따라 올라갔더니 무난히 '심적'을 찾을 수 있었다. 나는 거의 뛰다시피 걸음을 놀려 고개에서 반 마장쯤 내려가 '심적' 토굴 앞에 닿았다.

함박산 상봉이 올려다 보이는 해발 1천 미터에 자리 잡은 '심적' 토굴은 원시인의 혈거穴居를 겨우 면했을 뿐 인공위성이 우주를 선회하는 현세와는 외면한 채였다. 지붕은 전나무를 빠개어 만든 능와로 덮였는데 능와 위에는 굵은 돌이 눌려졌고 사방 벽은 흙을 쥐어발랐다. 방문은 싸리를 가늘게 쪼개 만들어져 있었다.

방문이 둘 부엌문이 하나, 삼 칸 집이었다. 눈이 치워진 서너 평 됨직한 마당에 들어서자 꿀밤도토리로 강원도 사투리이 삶아져 가는 씁쓰레한 냄새가 코끝을 자극하여 왔다.

나는 합장하며 객의 내도를 알렸다.

"소승 문안드립니다."

아무런 반응이 없다. 나는 헛기침을 하고 나서 좀 더 높은 소리로 사람이 왔음을 알렸다. 그러나 역시 무반응이다. 아무래도 선정삼매禪定三昧 1, 선정은 좌선에 의하여 심신이 통일된 상태. 2, 삼매는 마음을 한 곳에 모아 산란하지 않게 하는 정신작용에 들어서 무아경無我境 자아의 영속적인 실체를 부정하는 불교의 기본적인 입장, 그 경지에 도취되어 객客의 내방쯤은 의식조차 못하는 모양이다.

방문을 열어 보려고 댓돌 위에 신발을 벗으려 할 때 멀지 않은 곳에서 나무 찍는 소리가 들려왔다. 나는 댓돌에서 내려와 소리 나는 쪽을 살폈다. 내가 왔던 반대방향에서 틀림없이 나무 찍는 소리가 들려왔다. 웬일인지 그 소리가 반가웠다.

몇 발자국 그쪽으로 나가던 나의 발길은 멈춰지고 한동안 서성거렸다. 갈까, 말까? 끝내 나의 발길은 토굴로 되돌려져 부엌으로 향했다. 나 때문에 그의 일손이 늦춰질까 해서였다.

부엌으로 들어가니 통나무 불이 이글거리고 솥에서는 김이 무럭무럭 솟았다. 솥뚜껑을 열고 보니 꿀밤들이 삶아지느라 검붉은 물속에서 제각기 춤을 추고 있었다. 바랑스님들이 행각이나 탁발 시 소지품을 넣어 어깨에 메고 다니는 주머니. 걸망을 걸머진 채 아궁이 앞에 앉아 몸을 녹이면서 부엌 안을 둘러보았다.

함지박 두 개와 바가지 두 개, 쇠발우 한 벌과 소금이 담긴 함지와 나무 절구통과 숟가락 두 개가 보일 뿐이었다.

눈에 젖은 양말과 행건이 불을 보자 김을 피어 올리면서 말라 갔다. 한기寒氣가 풀리자 눈이 스르르 감기려 했다. 한잠 자고 싶었다. 아궁이 앞에 앉았으니 노생지몽盧生之夢 한단지몽邯鄲之夢이라고도 함. 노생이 한단에서 여옹의 베개를 베고 자다 꾼 꿈. 인생의 부귀영화가 덧없음을 비유 같은 거라도 가져 보고 싶어서였을까? 눈을 감았다. 그러나 잠은 오지 않았다. 나무 찍는 소리가 산울림이 되어 나의 귀를 때렸기 때문이었다.

나는 일어서서 부엌을 빠져나와 토굴 주위를 둘러보았다. 부엌 뒤에는 땅굴이 있었다. 통나무로 얽어 만든 문을 열고 보니 굴은 넓고 깊은데 꿀밤과 무가 푸짐했다. 꿀밤은 열 가마는 넘어 보였고, 무도 두어 접 되어 보였다. 부엌에서 오른편엔 나무바랑나무를 쌓아두는 헛간. 나무 창고이 있고 그 뒤에 석간수石間水가 고인 우물이 있고, 왼편 저쪽에 변소가 있었다.

살펴볼 것을 다 본 나는 다시 부엌으로 들어와 아궁이 앞에 앉았다. 불을 우겨 넣고 통나무로 깔개를 정하고 앉아 화두를 잡았다. '유야有也! 무야無也!' 얼마가 지났을까! 다시 통나무 불을 우겨 넣을 때 나무바랑에 나무 부리는 소리가 '꽝!' 했다. 나는 헛기침을 하면서 부엌을 나섰다.

지게를 처마 밑으로 치우는 사람은 틀림없는 토굴 주인인 석우당石牛堂이었다. 나는 합장하여 고개 숙인 후 그에게로 다가섰다. 석우당은 안색의 변화 없이 조용히 나를 바라보더니 나의 손길을 잡아 이끌었다.

"지허당知虛堂이구려! 방으로 들어갑시다. 남방엔 매화가 만발했겠지만 여긴 아직 엄동이라 한파가 대단하외다."

나는 석우당의 차가운 오른손을 나의 따듯한 두 손으로 녹여 주려는 듯 감싸 쥐고 방으로 끌려 들어갔다.

토굴정경 土窟情景

우리는 점심을 놓고 마주 앉았다.
찧은 꿀밤가루가 주식이고 날무에 소금이 부식이었다. 나는 시장했던 터라
맛도 모른 채 한 발우 가득히 먹었다.
잠시 후 오공午供은 끝났다. 발우는 깨끗이 치워졌다.
꿀밤도, 무도, 소금도, 발우에 담겼던 식물食物은 모두 흔적도 없어졌다.
일단 발우에 담긴 음식물이면 철저히 없애는 게
승가의 식사규풍食事規風이다.

종이라는 건 붙어 있지 않았다. 오직 싸리문살에 종이가 겨우 붙어 있었고 방바닥엔 가마니 두 장이 깔려 있었다. 덥고 탁한 흙냄새가 강하게 코를 찔렀다. 나도 모르는 사이에 두어 번 마른기침을 하자 석우당은 나의 바랑을 벗겨 내리면서 말했다.

"토굴이니까요, 이해하시겠지요?"

"토굴이라는 명색에 충실하기 위해 흙에 옷을 입히진 않았단 말씀이군요."

"지허당, 존재는 모두가 자기 나름의 속성과 가치를 가지고 있나요. 그대로 두고 봐야지요. 여기는 토굴이고 우리는 유일자도 조물자도 아니니 말입니다."

"석우당, 인간이란 저 흙과는 별개의 것이 아닐까요? 존재라는 의미에 있어서는 동일하겠지만 내용에 있어서는 이질적이 아닐까요?"

"존재란 어떤 의미와 또 어떤 내용을 가졌는데요?"

"석우당, 존재의 의미는 '던져진 것'이요, 내용은 '던질 수 없는 것'입니다. 인간이란 저 흙과 마찬가지로 자연에서 던져졌지만 저 흙과는 달리 자연을 이용하고 있지 않습니까."

"지허당, 그러나 끝내 자연으로 돌아가는 것도 바로 인간입니다."

"극히 자연주의적이군요."

"지허당, 자연주의가 아닙니다. 다만 현재의 나로서는 인간을 정의할 수 없기 때문입니다. 정의하는 순간, 인간은 벌써 비인간이 되고 말더군요. 일체만유一切萬有는 본체의 무한한 변화작용에 의해 사람도 되고 물物이 되기도 하는데 그 과정에서 보면 우연한 현상에 불과합니다.

여기서 보면 모든 존재는 모두 평등의 의의를 가졌을 뿐입니다. 우리는 우연히 인간으로 태어났으나 인간이라고 특별히 우월한 것도 아닙니다. 그러니 인간이 되었다고 기뻐할, 또는 슬퍼할 아무런 이유도 없습니다. 그리고 인간과 다른 존재 사이에, 또는 인간 상호간에 여러 가지 의미와 내용을 따로 준다는 것은 어쩌면 하나의 미망迷妄에 불과합니다.

인간이든 흙이든 나의 품속에서 포식하며 기어 다니는 이(蝨)의 다리든, 밤으로 이 마당 앞을 서성대는 호랑이의 꼬리든 똑같은 변화의 제상諸相이니, 다 함께 본체의 무한한 변화현상에 불과합니다. 존재는 자기를 무엇으로 출생시켜도 상관하지 않으며 상관할 수도 없습니다. 무엇이나 모두 같은 것입니다. 오직 본체가 조물造物하는 대로 맡겨 두면 그만일 뿐입니다."

"석우당, 그럼 본체는 무엇인데요?"

"무無지요."

"무는?"

"지허당, 내가 무를 알았다면 이 토굴에 있지 않을 거요. 벌써 천상天上의 부운浮雲이 되었거나 해중海中의 어복魚腹이 되었을 거외다."

"석우당, 그건 무슨 뜻이지요?"

"자, 이제 그만합시다. 꿀밤을 울궈내는 데 물을 갈아야 하겠고, 지허당과 나의 점심도 장만해야 하겠습니다."

석우당은 부엌으로 나갔다.

나도 밖으로 나가 윗방 문을 열어 보았다. 사방 벽은 신문지로 도배가 잘 되어 있고 방바닥은 시멘트로 포장되었다. 그러나 방 안에는 아무것도 없었다. 나는 다시 아랫방으로 내려와 바랑을 구석에 밀어 넣고 앉았다. 가마니가 낡아 약간 딱딱하지만 구들의 따끈한 감촉이 좋았다.

나는 눈을 사방으로 휘둘러보았다. 방 안의 장식과 집물은 꼭 하나 있을 뿐이었다. 그것은 참나무로 아무렇게나 만들어진 목침木枕 둥글거나 각진 나무를 잘라 만든 나무베개이었다.

나는 앞에 놓인 내 바랑을 바라보았다. 그러다가 다시 머리때에 절은 목침을 바라보았다. 계량심計量心 분량이나 무게 따위를 속으로 재보는 마음이 발동하여 두 물체를 저울질해 보았다. 내 바랑은 석우당 목침보다 20배의 크기였다.

나는 이상한 수괴심羞愧心 부끄럽고 창피한 마음에 싸였다. 물론 나의 바랑 안에는 수좌주로 참선하는 선승을 말함. 요품要品인 가사와 장삼가사는 스님들의 법의法衣. 장삼은 가사를 입기 전에 입는 도포 같은 옷, 갈아입을 승복 한 벌과 발우, 그리고 세면도구뿐이었다.

그러나 나의 바랑이 석우당의 목침 앞에서는 물욕의 눅진눅진한 비계 덩어리로 보였음에랴.

나는 한동안 고개를 숙이고 바랑을 치울 궁리를 하다가 벌떡 일어나 바랑을 들고 밖으로 나왔다. 부엌을 돌아 땅굴 앞에 섰다. 굴 문을 열고 바랑을 땅굴 속에 던졌다. 석우당이 꿀밤을 땅굴 속에 던지듯이.

나는 다시 방으로 돌아왔다. 목침은 여전히 그 자리에 있었다. 나의 심장은 고요했다. 수괴심은 사라졌다. 나는 부엌으로 나갔다. 석우당은 울궈 낸 꿀밤을 절구에 빻고 있었다.

한참 후 우리는 점심을 놓고 마주 앉았다. 찧은 꿀밤가루가 주식이고 날무에 소금이 부식이었다. 나는 시장했던 터라 맛도 모른 채 발우 가득히 먹었다.

잠시 후 오공午供 점심공양. 또는 점심식사은 끝났다. 발우는 깨끗이 치워졌다. 꿀밤도, 무도, 소금도, 발우에 담겼던 식물은 모두 흔적도 없어졌다. 일단 발우에 담긴 음식물이면 철저히 없애는 게 승가의 식사규풍食事規風이다.

석우당은 발우를 들고 부엌으로 나갔다. 나는 식곤증을 약간 느꼈다. 꿀밤을 포식했던 탓이었다. 나는 포식을 자책하면서 식곤증을 달래느라 평안한 자세를 취했다.

방은 뜨뜻하고 복장腹腸이 만족하고 보니 식충食蟲 밥벌레. 밥은 꼬박꼬박

먹으면서 불교공부를 게을리 하는 사람을 말함이 천국을 안내하겠다고 혼미昏迷를 불러일으켰다. 수마睡魔 졸음. 사람에게 잠은 생리적인 것이기에 부족하면 정신을 차릴 수 없을 정도로 빠져듦. 참선공부에 크게 방해되는 일 중의 하나여서 마구니(魔)라고 함가 치달았다. 나는 수마를 쫓기 위해 가부좌를 틀고 앉아 화두를 잡았다.

'유야有也, 무야無也?', 포식난의飽食煖衣 배부르게 먹는 것과 따뜻한 옷는 끝내 화두를 물리치고 환몽幻夢의 세계로 가자고 발버둥쳤다.

얼마가 지났을까, 비몽사몽간에 나무 찍는 소리가 들렸다. 탁! 탁! 틀림없이 나무 찍는 소리였다. 방문을 열고 부엌을 살피니 석우당이 보이질 않았다. 나무바랑에 지게가 없었다.

나는 머리를 긁적이면서 중얼거렸다.

"또 한번 졌구나!"

그러면서도 나의 발길은 석우당 쪽으로 가고 있었다.

북풍이 마지막 낙엽을 휘몰아 가고, 안겨준 백설을 숙명인 양 업고 서 있는 처연한 거목들이 빽빽한 사이로 석우당의 나뭇길이 트여 있었다.

지난겨울 첫눈 위에 쌓이고 쌓인 눈이 두 자가 넘었다. 나는 눈에 빠지지 않으려고 석우당의 족적을 따라 조심스레 나아갔다.

여기 저기에 산짐승들의 발자국이 무수하였다. 어떤 것은 처연했고 어떤 것은 분연했다.

처연悽然한 것은 쫓기는 쪽이요, 분연奮然한 것은 쫓는 쪽이었으리라 생각되니 내 스스로의 발자국을 뒤돌아보게 됐다. 그러나 나의 발자국은 찾을 길이 없었다. 나는 정확히 석우당의 발자국을 쫓았기 때문이었다. 의미 있는 고소苦笑를 금치 못하면서 여전히 석우당의 발자국을 쫓아 밟아 나아갔다. 이곳에 있어서의 모든 것은 이미 석우당이 기선을 제했으니 그럴 수밖에!

지게가 놓인 곳은 발자국이 어지러웠다. 고사枯死된 나뭇가지들이 약간 모아져 있었다.

석우당은 나무 위에 올라 마른 가지를 골라 큰 것은 도끼로, 작은 것은 낫으로 찍어 내리고 있었다. 가지를 찍을 때마다 다른 가지에 엉겼던 눈들이 우수수 쏟아졌다. 더구나 큰 나무에 오를 때는 눈을 안고 기어 올라갔다. 나는 한동안 망연히 쳐다보며 서 있었다. 석우당의 몸놀림은 천하에 둘도 없는 우둔의 표본 같았다. 그러나 좀 더 자세히 살펴보니 우둔의 소행은 아니었다. 지혜를 구사하여 살얼음을 밟듯이 심중을 기도企圖하여, 그리고 공중곡예사 못지않게 자유로이 이 가지에서 저 가지로 건너다니면서 마른 가지만 골라 찍어 내리고 있었다.

표정 없는 그의 얼굴에는 나의 식견으로는 분별 못할 집념만이 평화롭게 서려 있었다. 결코 우둔의 소행이 아니라 틀림없는 양생養生의 소치였다. 그는 나의 출현엔 일언반구도 없이 죽은 가지 채취만을 계속하고 있었다.

나는 말없이 꺾여 떨어지는 나뭇가지들을 주워 지게에 짊었다. 해는 점점 그림자를 길게 그려 주었다. 석우당은 이 나무에서 저 나무로 옮겨 다니면서 손발을 계속 놀렸다.

내가 짊은 짐으로는 지게가 한 짐이 잘 되었으나 석우당은 일손을 놓지 않았다. 계속해서 나무가 떨어지기에 나도 계속해서 주워 모으면서 나의 몫이라 생각했다. 그러면서 나는 멜빵감을 만들기 위해 칡넝쿨을 찾았으나 헛수고였다. 두 자가 넘는 눈 속에서 칡넝쿨을 찾을 순 없었다.

해가 그림자를 늘일 수 있는 데까지 늘이자 석우당은 일손을 멈추고 지게 앞으로 왔다. 내가 매듭 지어 둔 지게꼬리를 말없이 풀면서 입가에 미소를 잠깐 보여 주더니 나의 몫이라고 생각했던 나무까지 합해서 다시 짊었다.

크고 작은 나무를 이쪽 저쪽으로 섞어 짊으니 내가 짊었던 것보다 부피는 오히려 적어졌다. 내가 얼굴을 붉히며 빙그레 웃자 석우당도 빙그레 웃어 주었다.

벼가마 무게는 됨직한 나뭇짐을 거뜬히 지고 일어선 석우당은 자기가 만들어 놓은 발자국을 거꾸로 밟으면서 토굴을 향해 걸어 나갔다. 나는 도끼와 낫을 들고 석우당이 만든 발자국을 꼭꼭 밟으면서 수괴심으로 상기上氣해진 안색顔色을 달래며 걸었다.

저녁식사의 주식은 여전히 꿀밤이었으나 부식은 무 대신 곰치나물이었다. 나는 곰치나물이 담긴 발우는 비웠으나 꿀밤 발우는 비우질 못했다. 석우당은 여전히 두 개의 발우를 다 비웠다.

발우를 치운 석우당은 싸리나무로 만든 다래끼 아가리가 좁고 바닥이 넓은 바구니에 날꿀밤을 담아 왔다. 나무토막과 나무망치도 들여왔다. 꿀밤 알을 토막 위에 올려 놓고 망치로 두들겨 껍질과 알맹이를 분리시키는 일이 시작되었다. 나는 일을 거들려고 했으나 거들 수가 없었다.

토막 위에 알맹이 하나를 놓고 두들겨 갈라놓은 다음 다시 하나를 올려놓고 두들기고 가르고 했다. 저쪽에서 도대체 입을 열지 않으니 이쪽에서도 말을 걸 수가 없었다. 저쪽의 일거일동을 보고 이쪽에서는 눈치껏 처신해야만 했다.

그러나 나는 침을 한 번 꿀꺽 삼키고 잔기침으로 성대를 조정한 다음 입을 열었다.

"석우당, 제가 두들겨 빠갤 테니 껍질을 벗기시지요. 그냥 앉아 있긴 무료합니다. 한쪽에선 일을 하시는데."

"지허당, 곧 어두워집니다. 여긴 어둠을 밝힐 아무런 것도 준비돼 있지 않습니다. 저는 여기 들어오던 해 가을부터 지금까지 매일 밤 이 일을 계속했습니다. 삼 년째입니다. 그래도 가끔 손을 때리기도 하고 싱싱한 것과 썩은 것을 구별하지 못해 밝은 날 다시 손질을 할 때가 있답니다. 이해가 되시는지요."

"알겠습니다."

문살이 점점 희미해지더니 어둠이 완전히 시력을 앗아갔다. 석우당의 마치질은 정확한 간격을 두고 계속되었다. 나는 다시 잔기침을 하면서 성대를 조정하려 하는데 석우당이 먼저 입을 열었다.

"지허당, 지난 삼동三冬은 어디서 나셨나요?"

"대화 백석산大和白石山에서 났습니다."

"오대산五臺山 줄긴가요?"

"예, 거기 사람들은 희석산이라고들 하는데 해발 천 미터는 되겠더군요. 걸어서 세 시간은 올라가야 하니까요."

"이왕에 토굴 터가 있던가요?"

"없었지요. 제가 조그맣게 꾸려서 겨우 한 철 지냈지요."

"겨우 지내다니요?"

"별로 방해가 안 되신다면 지난 삼동 지낸 얘기를 할까요."

"그러시지요. 방해는커녕 큰 공부가 되지요. 지허당이 들려주시는 얘기를 들으면 신축辛丑 1961년 겨울 한 철을 함박산과 백석산에서 지낸 셈이 되니까요. 왜냐하면 지허당과 저는 뜻을 같이하고 있으니까요."

나는 어두운 방에서 눈을 감고 백석산의 토굴생활을 더듬어 보았다.

"지난해 여름은 봉화 문수산 축서사文殊山鷲棲寺에서 났습니다. 삼하

三夏 여름 석 달, 음력 4월 15일부터 7월 15일까지 해제 후 농사일을 두 달 동안 거들어 주었더니 주지화상이 토굴 생활비를 주더군요. 처음엔 인근의 청량산淸凉山으로 갈까 하고 축서사를 출발했는데 도중에 우연히 어느 약재상을 만나게 되었지요.

그 약재상이 백석산록에서 재배된 약재를 구입해 오는 길이라면서 백석산 내용을 알려 주었어요. 교통은 불편하나 산세가 느른해서 속칭 육백 마지기와 오백 마지기 벌판이 둘이나 산 속에 있다 하더군요.

이왕에는 사람이 살았으나 전란에 초토화되어 현재는 육백 마지기 골짜기에서 약초를 재배하는 몇 사람들이 농사철에만 살다가 가을이면 나오고 있다고 하더군요.

저는 그 길로 청량산으로 향하던 발길을 백석산으로 돌렸지요. 평창군 대화면 소재지에서 삼십 리 산길을 걸어 올라가니 도괴 직전의 암자가 있었어요. 산간 암자라 하기엔 너무나 초라하지만 한 칸짜리 송판집에 주먹 크기의 부처님을 한 분 모셔 두었으니 절이라고 불리웠겠지요.

세 칸짜리 요사채는 거의 30도로 기울어졌는데 사람은 보이지 않더군요. 날이 저물었고 노숙을 면해야 하겠기에 주인 없는 집에 들어갔지요. 바랑을 내려놓고 시장기가 들어 이곳저곳 찾아보았으나 식물食物이라곤 거친 소금 한 됫박 정도밖에 없더군요.

별 수 없이 굶기로 작정하고 잠이나 뜨뜻하게 자려고 나무를 주워다가 불을 지피려고 보니 성냥이 없었어요. 20리를 내려가야만 인가가 있으니 그것 역시 단념하는 수밖엔 별 도리가 없었지요. 음력 9월 그믐께였는데 추워서 잠이 오질 않더군요. 기한飢寒 춥고 배고픔과 벗 삼아 화두를 붙들고 뜬눈으로 밤을 보냈지요.

날이 밝기가 무섭게 절 뒷산을 넘어 목적지인 육백 마지기께로 갔지요. 아닌 게 아니라 꽤 넓은 평퍼짐한 비탈이 펼쳐져 있더군요. 우선 터를 잡을 양으로 물 있는 곳부터 찾았지요. 산꼭대기에서 두 마장십리나 오 리 미만의 거리를 이를 때, '리里' 대신으로 쓰는 말쯤 내려가니 물이 있었어요. 반가웠지요. 이가 깨지는 듯 시린 물을 실컷 먹고 바랑 속의 물건은 모두 꺼내어 우물 옆 쇠풀밭 속에 보관하고, 빈 바랑을 걸머진 채 발길을 돌려 대화 장터로 나갔지요.

톱·도끼·낫·괭이·삽·냄비·간장 한 되, 쌀 두 말을 사서 걸머지고 돌아올 때, 대화 장터는 비가 내리는데 백석산 중간쯤 오르니까 진눈깨비로 변하더니 상봉에 오르니 싸라기눈으로 변하더군요. 우물가에서 밥을 지어 먹고 밤을 보내기 위해 모닥불을 피웠지요.

눈은 간단없이 내리더군요. 그래도 첫눈이고 싸라기눈이어서 야릇한 정취마저 안겨 주었어요. 밤이 깊어가자 승냥이의 포효와 여우의 절규가 애잔했어요. 졸면서 깨면서 하다가 효성曉星 새벽별. 밝은 별을 대하고 보니 눈이 발등을 덮도록 쌓였어요. 새벽밥을 지어 먹고 나니 먼동이 트더군요.

우물에서 멀지 않은 곳에 터를 잡고 쇠풀을 베어 내고 두 칸 터를 닦았지요.

터가 닦이자 침엽수 기둥감을 찾아 헤매었으나 찾지 못해 결국은 활엽수를 택했지요. 수목이 빽빽한 심산인데도 거목은 없었어요. 나중에 들으니 약 이십 년 전에 산불이 있었대요. 그러니까 모두 이십 년생 잡목뿐이었지요.

말구위아래를 자른 통나무의 가는 쪽 끝머리의 지름는 세 치(三寸), 길이 열 자(十尺)로 작동하여 통나무 집을 짜기로 작정하고 토굴을 꾸리기 시작했어요. 밤이 늦도록 모닥불을 피워놓고 일을 했지요.

밤엔 주로 칡을 받쳐 쇠풀로 이엉초가집의 지붕이나 담을 덮기 위해 새끼를 꼬아 짚을 엮은 것. 여기서는 짚이 아닌 쇠풀과 새끼 대신 칡으로 엮음을 엮었지요. 사흘 만에 기둥을 세우는데 혼자 세우자니 여간 힘드는 게 아니더군요. 못을 쓰지 않으니 더했지요. 칡으로 이리 얽고 저리 얽어 간신히 기둥이 세워지자 다음 일은 한결 쉬웠어요. 그저 통나무를 칡으로 동여매면서 척척 걸쳐 올리면 되니까요.

서까래연목椽木. 서까래. 지붕의 뼈대도 걸고 지붕도 얽어매고 화방火防 흙에 돌을 섞어 중방 밑까지 쌓아올린 벽도 쌓고 구들도 놓고 통나무 벽에 흙칠까지 하고 문을 짤 때에 또 다시 눈이 내리더군요. 그땐 벌써 시(十)월 열흘이었지요. 이번엔 눈이 꽤 많이 와서 발목까지 덮이더군요.

날이 밝기가 바쁘게 다시 장터로 나가 월동식량 준비를 했지요. 쌀 반 가마, 간장 한 병, 소금 두 되, 시멘트 포대 석 장, 창호지 두 장, 밀가루 한 되, 석유 한 병과 등잔燈盞 기름을 담아 등불을 켜게 만든 기구. 사기·쇠붙이 따위로 만듦을 사서 짊어지고 돌아왔지요.

문도 바르고 방바닥도 바르고 보니 설한풍에 은신하기는 썩 훌륭하더군요. 북서풍을 막기 위해 토굴 주위로 울도 두르고 부엌문도 쇠풀로 엮어 달았지요. 그리고 나선 닷새 동안 나무를 했지요. 손발을 털고 방에 앉은 때는 시월 스무사흘이었어요.

동짓달이 되자 동장군冬將軍의 내도來到를 본격적으로 알려 주더군요. 설한풍雪寒風이 사흘이나 계속하니 적설량은 무릎을 넘었어요. 벽이 완전히 마르지 않은 탓으로 벽엔 고드름이 서리는데 방바닥은 불에 익어 들고 일어나 도배질은 헛수고로 돌아갔고 창호지마저 떨어지더군요.

쌀가마니를 짜개 방바닥에 깔고 문은 쇠풀로 다시 엮어 달았지요. 방 안은 낮과 밤을 구별할 수가 없었지요. 동짓달이 지나고 섣달로 접어들자 한파가 극도에 달하면서 우물을 완전히 고갈시키고 말았어요. 지리산과 소백산에서 월동하던 경험을 살려 우물을 깊게 파고 우물집을 쇠풀로 두툼하게 씌웠는데도 도저히 불가항력이었어요.

더구나 우물이라는 게 물이 끊어진 뒤 자세히 살펴보니 땅에서 솟는 천수泉水가 아니고 유수流水가 고인 웅덩이었는데 동짓달을 넘겨준 것만

해도 오히려 감사했지요.

그날 이후 낮에는 좌선을 할 수 없었지요. 우선 먹어야 하니 말입니다. 물을 얻기 위한 투쟁이 본격 시작되었지요. 두 되들이 냄비에 눈을 녹여 물을 얻으려 해보니 물을 얻기 전에 냄비가 불에 녹아 없어지겠더군요. 눈(眼)이 보배라고 산 넘어 암자에 걸려 있는 솥이 생각나서 산을 넘어갔지요.

산꼭대기로 올라갈수록 바람이 치불면서 몰아붙인 눈이 쌓여 허벅지까지 빠져 들어가고 어떤 곳은 배꼽까지 빠지더군요. 눈이 허벅지까지 오르니 숨이 가빠 제대로 몸을 가눌 수가 없었어요. 왕복, 불과 십리 남짓한 거리인데 한나절은 족히 걸리더군요.

솥을 걸려고 보니 흙이 있어야지요. 땅은 이미 석 자 이상 얼어붙었으니 어떡합니까? 부엌은 그래도 한 자 정도밖에 얼지 않았기에 부엌 바닥에 불을 놓아 땅을 녹여 흙을 얻었지요.

눈을 녹여 물을 얻기란 나무 기름틀에서 떨어지는 기름방울을 얻는 것보다 더 많은 시간을 필요로 하더군요. 눈을 한 아름이나 뭉쳐 솥에 넣으면 가뭄에 여우비맑은 날에 갑자기 잠깐 뿌리는 비 지나가는 격이었지요.

그래도 처음 며칠간 온종일 녹이다 보면 한 말가량의 물을 얻을 수 있었지요. 그러나 이 한 말 물이 온통 식수가 되지는 못했어요. 눈 녹인 물은 마치 오줌마냥 누렇지요. 그걸 앙금만 지운 다음에 얻는 정수淨水가

식수인데 한 말에서 겨우 반을 얻을 수 있지요. 그러나 맛은 무미無味더군요. 그걸 진수무향眞水無香이라고나 할까요.

섣달이 깊어 가면서 눈은 오지 않고 추위만 심도深度를 더하니 눈이 얼어붙어 버리더군요. 얼어붙은 눈은 뭉쳐지질 않았어요. 눈 속에서 싸리를 꺾고 칡덤불로 가 눈을 헤치고 칡을 끊어 와서 크게 삼태기대나 짚, 싸리로 엮어 거름·흙·쓰레기 따위를 나르는 그릇 만들어 눈을 담아 날랐지요. 날이 갈수록 고난은 더해 갔어요.

쇠풀을 베었던 자리에 쌓였던 눈이 다 치워지자 눈을 얻기가 무척 힘들게 되었지요. 뼈만 앙상한 활엽수 사이사이에는 쇠풀이 나와 키를 재려고 서 있으니 쇠풀 사이사이에서 눈을 긁어모아야 했지요.

눈이 반 쇠풀 덤불이 반이었지요. 그러니 솥에 넣어 얻은 물은 쇠풀 삶은 물이 되지요. 소가 먹는 여물하고 맛이 똑같지요. 한편 눈을 녹이느라 불을 진종일 때니 방은 절절 끓다가 마지막엔 흙이 타더군요.

부엌에서 흙을 파다 깔고 그 위에 나무토막들을 쭉 이어 깐 다음 다시 그 위에 가마니를 깔아야 밤에 겨우 앉고 눕고 할 수 있겠더군요. 그런가 하면 마련된 나무가 밑창을 보이니 눈 속에서 나무를 해야 했지요.

굴뚝이 높지 않아 바람만 불면 아궁이가 굴뚝이 돼버리니 나는 굴뚝 속에서 살아야 했지요. 굴뚝 속에서 사니 회색 옷이 깜장색으로 염색되면서 눈알은 익어 점점 토끼눈을 닮아 가더군요. 바람이 몹시 부는 날은 숫제 아궁이에 불을 지피지 않고 밤을 새웠지요. 일취지몽一炊之夢 인생의 부귀영화가 덧없음을 비유한 말. 앞의 노생지몽과 같은 말마저 가져볼 수 없었어요.

물을 얻기 힘드니 밥은 사흘치를 한몫에 지어 바랑에 담아 부엌에 걸어 두고 끼니 때마다 꺼내 먹었어요. 간장은 동짓달을 못 넘겼고 소금도 끝을 알려오니 이도 닦지 못했지요. 섣달이 지나고 해를 넘기자 눈이 잘 내려 주면서 바람도 방향을 약간 바꾸더군요.

정월이면 벌써 봄이 시작된다는 선입감先入感 때문인지, 동지에 양기가 발동하고 하지에 음기陰氣가 발동한다는 생각 때문인지, 아니면 두어 달 동안 한파에 도전했던 면역성 때문인지, 석 달 동안의 마지막 날인 정월 스무나흗날까지는 별로 고통을 느끼지 않은 채 지냈지요.

스무나흗날 오후에 솥을 제자리에 반납하려고 산을 오르니 눈이 가슴까지 빠지는 곳이 있더군요. 스무닷새날 마지막 밥을 지어 먹고 보니 쌀이 한 말은 착실히 남았어요. 쌀과 냄비와 연장들을 방에 넣어 두고 이렇게 써 두었지요.

'이 모든 물건은 이곳을 처음 들여다본 사람의 몫이오.'

나는 바랑에 법복과 발우를 넣어 걸머지고 토굴을 하직했지요. 풍설風雪이 분분한 날씨였어요. 토굴을 떠나 인가가 있는 곳까지 약 이십 리 길은 거의 명부冥府 1. 명도冥途, 저승. 황천黃泉. 2. 사람이 죽어서 심판을 받는 저승의 법정인 명조冥曹에 통하는 행로였지요. 허벅지 이상 빠지는 눈 속을 헤치면서 걷다 보면 나도 모르는 사이 눈 속에 주저앉아 숨을 헐떡이며 죽은 눈빛으로 바람 불고 눈 내리는 하늘을 마냥 바라보고 있었지요.

근 백여 일 동안 극도의 영양실조가 안겨준 육체적 허탈상태였으니 비록 정신적으로는 많은 승화昇華가 있었다 하더라도 눈에 빠진 육체는 자기 뜻대로 자꾸 평안만을 찾으려 하더군요. 그러나 정精과 육肉, 양면의 끊임없는 투쟁 속에서 끝내 정신이 승리하여 나는 인가까지 도착할 수 있었지요.

마음씨 고운 산골 노파가 지펴 주는 불길에 몸을 말리고 김치에 식은 좁쌀밥 한 그릇을 얻어먹으니 두고 온 토굴이 못내 그리워지더군요. 노파의 눈길을 뒤로 하고 신작로로 나와 제천행堤川行 버스에 올랐지요. 제천에 도착했을 때는 가로등이 휘황한 밤이었어요. 버스에서 내릴려고 하니 오른발이 저려 제대로 걸을 수가 없더군요.

절룩거리며 버스에서 내리니 형사 아저씨가 친절히 나를 보자고 하더군요. 증명서 제시 요구에 이쪽에서 없다고 답변하자 이번에는 더 친절하게 경찰서로 안내하더군요. 절룩거리며 따라갔지요.

경찰서 안에 들어가서 비로소 나의 행색을 볼 수 있었지요. 전신이 비치는 거울 앞에서 내가 나를 보니 가관이더군요. 덥수룩한 머리와 수염,

누더기, 신발. 모두가 하나같이 깜장투성이, 마치 연통을 소재하고 나온 사람마냥 흑의黑衣의 걸인 형상이더군요. 나는 거울을 뒤로 하면서 빙긋이 웃었지요. 그저 웃을 수밖에 없더군요.

가로 심문에서는 미흡했던지 다시 처음부터 새로 심문을 하더군요. 경찰서 안에 있는 나에게 무엇보다 반가운 것은 난로 위에 김을 뿜어 대는 물주전자였어요. 물을 세 컵이나 연속으로 들이마신 뒤 묻는 대로 답변해 줬지요.

이 기괴한 토굴중이 구경감이었던지 당직 경찰들이 몰려와 나의 겉치레를 훑어본 후 나의 일거일동을 세심히 관찰하더군요. 토굴에 비하면 천국 같은 곳이라 나는 태연자약한 심정으로 심문에 응했지요. 별로 신통한 신상이 파악되지 않았던지 기골이 장대한 사복형사가,

'너, 언제 휴전선 넘어왔니? 내가 다 알아, 바른 대로 불엇.'

벽력같은 소리로 악을 쓰더군요. 난 별수 없이 간첩으로 내몰렸지요. 웃을 수밖에요. 갖가지 유도심문이 던져졌으나 끝내는 그쪽에서 손을 들고 말더군요. 나는 끝내 웃을 수밖에요. 마지막엔 지쳤는지 아니면 미안했던지 돼지국물에 말은 국수를 한 그릇 시켜다 주더군요. 나는 또 웃으면서 말했지요.

'이런 국수는 나보다도 돼지가 더 좋아할 텐데요. 이 밤에 당신들을 수고롭게 하지 않는 돼지에게나 주시지요.'

저쪽에서 인간적으로 드리는 거니 잡수라고 애원조로 나오더군요. 나는 또 웃을 수밖에요. 물 한 컵을 더 마시고는 웃음으로 그들의 친절에 보답하고 절룩거리며 경찰서를 나왔지요. 절룩거리는 나의 걸음은 인근의 한산사寒山寺로 향하고 있었지만 마음은 저 산 너머 두고 온 게딱지 같은 토굴 부엌에 들어앉아 '유야 무야'를 찾고 있었지요. 한산사에서 쉬면서 석우당 소식을 듣고 이렇게 온 거지요."

석우당은 여전히 소리를 죽여 톡탁거리며 꿀밤을 까다가 한참 후 입을 열었다.

"지허당, 역시 익을 수밖에 없군요."

"무슨 뜻인지요?"

"지허당이 경찰관들의 소행을 웃음으로 넘기듯이 나는 지허당의 토굴생활을 웃음으로 넘길 수밖에 없다는 거지요. 내가 이렇게 말할 수 있는 소이所以는 내가 지금 이런 토굴생활을 하고 있기 때문이오."

나는 정신이 아찔해짐을 느꼈다. 빈혈증이 발동한 직후의 느낌 같은 것이 나의 안을 차지했다. 어차피 나는 석우당의 도력道力에 눌리고 있다는 자격지심 때문이었을까?

"지허당, '법률'용어인 작위作爲 마음먹고 벌인 짓이나 행동와 부작위不作爲 마땅히 해야 할 행위를 일부러 하지 않는 일, '도가道家'용어인 유위有爲 능력이 있음. 인연으로 말미암아 일어나는 모든 현상와 무위無爲 아무 일도 하지 않음. 현상을 초월한 상주불변의 존재, '불가佛家' 용어인 유루有漏 번뇌에 얽매임와 무루無漏 번뇌를 떠난 경지를 아시지요!"

"……"

"지허당의 백석白石 산중의 토굴은 작위요 정암사 선방은 부작위요, 눈을 녹여 물을 얻는 것은 유위有爲요 눈 속에서 김을 올리며 솟아오르는 우물의 물을 얻는 것은 무위無爲요, 신분증을 가지고 다니지 않는 것은 유루有漏요, 신분증을 가지고 다니는 것은 무루無漏입니다.

토굴을 짓고 눈을 녹여 먹고 신분증을 소지하지 않고 다닌다는 것은 벌써 내가 고행자라는 아상我相 자아관념이 자리한 집착 때문입니다. 상相 마음의 상상이 되는 사물의 모양. 유루를 말함이 있는 구도求道는 벌써 구도가 아니고, 구도를 빙자한 한갓 위선에 불과합니다. 구도에 있어서 가능, 불가능은 수단과 방법에 있지 않습니다. 이미 가능한 것은 가능이고 불가능한 것은 불가능입니다. 다시 한 번 말하지만 내가 5년 동안 토굴생활을 하고 있기 때문입니다."

"가능한 것은 가능하고 불가능한 것은 불가능하다니 그건 무슨 뜻인지요?"

"돋는 해를 막을 수 없고 지는 해를 붙잡을 수 없습니다. 나의 할아버지 시대는 여기서 서울을 가는 데 말을 타도 삼사 일은 걸렸지만 우리 시대는 헬리콥터로 한 시간에 갈 수 있습니다. 인간은 처음부터 끝까지 한계성과 가능성의 양면적인 존재일 뿐입니다."

"인간의 한계성과 가능성이란 무엇인지요?"

"지허당, 포식은 육체를 죽이고 다사多思는 정신을 죽이게 됩니다. 오늘은 그만합시다. 밤이 깊었습니다. 나는 나의 시간에 충실해야 하겠습니다. 적어도 이 토굴에서 살고 있는 한 말입니다."

"석우당, 간단히 운자만 띄워 주시지요, 무척이나 궁금합니다."

"지허당, 삼 년 전 우리가 고령 반룡사에서 생활할 때 영원에 도전하여 안주하겠다면서 분망한 시간을 보내더니 지금도 여전하군요. 무한량한 게 시간이고 시종과 본말이 없는 게 시간입니다."

"그렇지만 그 시간들은 나의 것이 아니지요. 나의 생명은 순간을 보장받지 못한 채 찰나에 서 있을 뿐입니다."

"지허당, 나는 도화道畵에 이런 문구가 적혀 있는 것을 기억하오. 대지大知는 한한閑閑이요 소지小知는 간간間間이라고."

"석우당, 그러니까 지금 나의 소지小知를 대지大知로 끌어올려 주시길 바랍니다."

"대지는 음音은 물론이려니와 묵默까지도 초월할 수밖에 없습니다."

"대지와 소지의 차이는 천양지차天壤之差 하늘과 땅 차이입니까, 순치지차脣齒之差 입술과 이 차이입니까?"

나의 물음에 석우당은 입을 다물었다. 계속해서 꿀밤 까는 일손을 놀리고 있을 뿐이었다. 톡탁거리는 마치질은 정확한 간격을 두고 계속되었다. 마치 시계의 초침이 움직이듯. 그의 마음은 그렇게도 안정되어 있음을 알려 주었다. 내 마음은 울고 있었다. 그렇게도 간단없이 분망奔忙했기에.

얼마가 지나자 석우당은 일손을 멈추고 자리에 누웠다. 나도 누웠다. 두 사람 사이에 말은 없었다. 석우당은 누운 지 채 5분이 되기 전에 코를 골았다.

문을 통해 희미하게 비치는 빛에 의지해 보니 석우당은 큰 대자大字로 사지를 최대한으로 편하게 한 채 코를 드르렁거렸다. 이 얼마나 자연스러운 휴식인가.

그는 이미 잡다한 망집妄執에서 해방되어 자연의 순리에 자기 자신을 완전히 내맡기고 있음을 증명해 주고 있었다. 나는 석우당의 비동성鼻動聲 코고는 소리 때문에 얼른 잠을 이룰 수가 없었다. 그만큼 내 마음은 천둥벌거숭이처럼 착잡錯雜하기만 하고 반근착절盤根錯節 뒤얽혀서 처리하기 어려운 일한 심사心思에 포박捕縛되어 유명무실한 편고지역偏苦之役 남보다 괴로움을 더 받으면서 하는 일을 면치 못하고 있었다.

울울답답한 심전心田은 목적 없는 심려心慮에 시달려 한동안 엎치락뒤치락 거리다가 벌떡 일어나 고개를 좌우로 세게 흔들면서 문을 살며시 열고 밖으로 나갔다. 허탈감을 안고 뜰 앞을 산책하자 고지의 냉기가 친절히 세안洗眼 눈을 씻어 줌. 정신을 일깨워 줌해 주었다.

심호흡을 몇 차례 하고 나니 다시 물러갔던 화두가 다가왔다. 심기일전心機一轉 지금까지 품었던 생각과 마음의 자세를 완전히 바꿈하여 화두를 붙잡고 방으로 들어와 정좌正坐한 후 선정禪定에 들었다. 얼마가 지났을까, 졸음이 몰려오기에 자리에 누웠다. 자리에 누우니 정신적인 이완이 찾아와 또다시 석우당의 비동성鼻動聲이 내 안을 난타질해 왔다. 그러자 선심羨心 부러워하는 마음과 기심忌心 꺼리는 마음. 싫어하는 마음이 발동했다.

심중心中에서 선羨 부러워함과 기忌 꺼림가 좌충우돌하다가 끝내 선羨 쪽으로 기울어졌다. 그러자 생각은 나래를 펴서 3년 전 석우당과 지냈던 간경시절看經時節을 붙잡았다.

간경생활 看經生活

범부가 고뇌 속에서 탈피하지 못하는 까닭은
자기 자신에겐 언제나 관대하기 때문이오. 자신의 과오엔 눈을 감지만
타인의 과오엔 눈을 부릅뜨는 게 범부의 소행이요, 백안白眼을
안에 감추고 득안得眼을 밖에 표방하는 게
승직을 생업으로 삼는 승직자僧職者의 소행이오.
양의 동서와 고금에 위선자를 가장 많이 양성하여 배출시킨 곳이
바로 승원僧院이오.

내가 석우당과 처음 만난 때는 3년 전 해인사에서였다. 경학經學을 이수履修하기 위해 해인사 강원을 찾아갔었다. 오후에 도착하여 객실에 앉아 있을 때 그도 역시 객으로 들어왔다. 서로 수인사가 끝나고 사승師僧과 본사本寺 및 지난 안거처소安居處所의 문답이 오간 다음 해인사에 온 목적을 서로 밝혔다.

그는 이미 토굴생활을 하다가 경장經藏과 논장論藏의 유혹에 끌려 강원을 찾아왔노라 했다. 그날 밤 동숙同宿하면서 야심토록 법담의 범주에는 들지 못하지만 불교를 조상俎上 요리하는 도마 위에 올려놓고 담론했었다. 그때 그는 나에게 해박한 지식과 강한 의지를 보여 주었다.

특히 그 당시 우리나라 철학계에 신기루처럼 대두하여 지식층에 풍미하던 실존철학에 특유한 일가견을 보여 주었다.

동양의 노장철학과 서양의 생의 철학을 섭렵한 그가 불문에 뛰어들게 된 동기를 나는 가히 유추할 수 있었다. 그는 달변이었고 논리는 이로정연理路整然했다. 그때 그는 어떤 집념에 사로잡혀 의지의 방향을 결정하지 못하고 있었다.

그와 내가 불문에 귀의한 동기가 피상적으로는 여러 가지 이질성을 가지고 있었으나 중추적으로는 동질성을 가지고 있었으니, 그것은 마하반야바라밀다심경摩訶般若波羅蜜多心經에 매료되었다는 점이었다. 그와 나는 여기에서 심기상통心氣相通함을 서로 감지할 수 있었다. 담론이 끝나면서 그와 나는 오랜 지기지간知己之間처럼 되고 말았었다.

그와 나는 다음 날 강원에 방부房付 스님이 어느 절에 가서 그곳에서 머물며 수행할 수 있기를 청하는 일을 들이기 전에 강사의 교수와 학인들의 수강실태를 살펴보았다. 소감은 똑같이 입방포기였다. 재래식 서당교육의 범주를 탈피하지 못한 강원에서 책혈冊頁과는 답보踏步하고 시간과는 만유漫遊할 수 없었기 때문이었다.

점심을 얻어먹은 우리는 객실을 뒤로하고 춘풍에 염의染衣를 나부끼며 일주문을 나섰다. 주차장까지 걸어 나오면서 여좌춘풍지중如坐春風之中 봄바람 속에 앉아 있음. 만물을 싹 틔우는 봄바람을 뜻하여 경안經眼을 열어 줄 스승할 강사 스님을 의중에 택해 보느라 번다했다.

경장經藏의 대가인 운허당耘虛堂을 찾아 양산 통도사로 갈까? 논장論藏의 대가인 관응당觀應堂을 찾아 속리산 복천암으로 갈까? 유·불·선, 삼가三家에 통달하다는 탄허당呑虛堂을 찾아 삼척 영은사靈隱寺로 갈까?

주차장에는 각 방면으로 떠날 버스가 출발을 서두르고 있었다. 행선지를 잡지 못한 우리는 주차장 어귀에 앉아 먼저 떠나는 버스에 무작정 오르기로 했다. 버스들은 출발을 알리는 크락션만 울렸지 좀체 나오지 않았다. 우리는 길가에 바랑을 벗어 놓고 마냥 앉아 기다렸다.

이때 40대의 장년이 우리 앞으로 와서 말을 걸어왔다. 이 얘기 저 얘기

끝에 우리는 스승을 찾아감을 알렸고, 그는 자신이 대처승帶妻僧임을 알려왔다. 그러면서 그는 우리에게 경학經學에 밝은 대처승 한 분을 소개해 주면서 의향이 있으면 동행하자 했다. 노 대통령老大統領의 불교정화佛敎淨化 1954년에 시작된 불교복고운동 유시諭示 이래 대처비구 간이 빙탄불상용氷炭不相容 얼음과 숯처럼 두 사물이 서로 화합할 수 없음격이었지만 학문 길에 있어서는 구애될 바 없다는 게 우리들의 견해였으니 쾌히, 그리고 감사히 그의 뒤를 따랐다.

가야산 너머 경북 고령땅인 미숭산美崇山 하下에 자리 잡은 천년고찰인 반룡사 경북 고령에 있는 절에 도착하니 소년 행자와 칠십 노장이 조용히 우리를 맞아 주었다. 다행히 노장에겐 일본판 대정신수장경大正新修藏經 일본의 다카쿠스 준지로(高楠順次郎)의 주관으로 대정大正 11(1922)년에 기획하여 소화昭和 7(1932)년 2월에 완성된 일본대장경. 고려대장경을 저본으로 함 중, 경經·율律·논論 불전佛典을 세 종류로 크게 분류하여 삼장三藏이라 함부가 있었다.

다음 날부터 우리는 노장을 시봉하면서 우리가 목적했던 『화엄경』을 수강했다. 칠서를 이수하고 장자의 『남화진경』 주해를 거뜬히 해내는 석우당은 『화엄경』을 자독자습自讀自習하면서 불가용어佛家用語와 난해구難解句만을 노장에게 물었다.

장자의 『남화진경』을 더듬거리며 겨우 주를 달아 나가는 나도 어쩔 수 없이 석우당과 진도를 같이할 수밖에 없었다. 그러나 사흘이 못 되어 석우당은 나를 뒤로한 채 독주에 독주를 거듭했다. 오전에는 장경藏經을 내가 보기로 하고 오후에는 석우당이 보기로 했는데, 그는 정확히 정오부터 자정까지 책에서 눈을 떼질 않았다. 무서운 정력精力이요, 대단한 독서력이었다.

일주일이 되던 날 노장의 제안에 의해 오공午供이 끝난 뒤 1시간씩 불경을 토론하기로 했다. 토론의 벽두劈頭 글이나 말의 첫머리. 일의 시작는 화기애애했지만 갑론을박의 우여곡절을 지나 절정에 달하면 투기만만이었다. 어떤 날은 노장이 상기上氣하여 경장을 집어던지면서 자기 견해를 고집하느라 고래고래 소리치는가 하면, 어떤 날은 석우당이 목침으로 방바닥을 치면서 자기 견해가 이해받지 못한 데서 오는 안타까움을 달래는가 하면, 또 어떤 날은 내가 주먹으로 내 손뼉을 치면서 나의 견해를 고집하기도 했다.

토론이 시작된 지 일 주일이 지나면서부터 석우당은 토론석에 임하기는 하나 일절 함구무언인 채 수긍한다면서 고개만 끄덕거리며 경을 묵독하기만 했다. 그러니 토론은 중지가 아니라 그만 끝장이 나고 말았다.

우리가 반룡사에 머문 지 달포가 되던 날 부식물副食物과 학용품學用品 조달 차 읍에 나갔다. 바랑에 쌀을 두 말씩 지고 나가 팔아서 필요한 생필품을 구입하고 교육구청에 들러 공문서 회신을 제출하려 하니 일요일이라 폐문을 알려 주었다.

석우당의 입에서 고시古詩 한 구절이 영탄조로 흘러나왔다. "산중무력일山中無曆日 산중이라 달력도 없어서이요." 나는 부지불식간에 다음 구를 받았다. "한진부지년寒盡不知年 추위 다해도 해 바뀐 줄도 알지 못하네이라니." 마주보며 미소를 교환하는 우리의 눈가에는 가벼운 비애가 점철되고 있었다.

읍내 포교당에 들러 요기한 후 귀로에 올랐다. 학교 앞을 지날 때 석우당은 발을 멈추고 본관 쪽에 얼굴을 주고 있었다. 피아노 소리가 들려왔다. 나른한 봄날 일요일, 쇼팽의 '즉흥환상곡'이 오후의 권태로운 운동장을 누비고 우리들의 귓결에 와 닿았다.

"지허당, 피아노 앞에 앉아 보고 싶소. 충격적으로 몰려오는 감정이구려?"

"그럽시다."

우리는 교문을 지나 본관으로 들어갔다. 직원실 옆 교실에 피아노가 있고 그 앞에는 17, 8세가량의 소녀가 앉아 악보와 키를 번갈아 보면서 조심스럽게 손가락을 놀리고 있었다. 템포가 무척 느려 태엽이 풀려 가는 유성기에서 흘러나오는 음악 같았다. 우리는 곡이 완전히 끝날 때까지 낭하에서 기다렸다가 곡이 끝난 후 들어갔다. 소녀의 허락을 받은 석우당은 바랑을 벗어 놓고 피아노 앞에 앉았다.

건반 위에 손을 올리면서 눈을 감은 석우당은 거침없이 '은파'를 쳐 내려갔다. 솜씨가 놀라웠다. 그는 이미 아마추어가 아니었다. 나는 걸상에 앉아 석우당이 눈을 감고 피아노를 치면서 생각하는 것이 무엇일까를 생각해 보았다.

저 곡에 맺힌 애절한 사연이라도 있어 내심으로 울면서 추억을 더듬고 있을까? 아니면, 백구가 선회旋回하는 호심湖心에? 아니면, 해정海情에 잠겨 있을까? 아니면, 지난날 피아노 콩쿠르에 출전하기 위해 레슨 받던 때의 정열을 매만지고 있을까?

'은파'가 끝나자 베토벤의 '열정'을 치기 시작했다. 나는 이것저것을 다 잊어버린 채 눈을 감고 감상삼매에 들어갔다. 나로서는 그의 테크닉을 왈가왈부할 수도 없었고, 리듬과 하모니와 멜로디의 삼위일체가 주는 앙상블도 뉘앙스도 잘 알 수 없었다. 다만 음치가 아니고 한때 클래식에 매혹되었다는 사실 때문에 그저 즐겁게 귀를 기울였을 뿐이었다.

'열정'이 끝나자 차이코프스키의 '피아노 콘체르토 넘버원'의 장엄한 서부序部가 울려 퍼졌다. 나는 눈을 뜨고 그를 바라보았다. 그의 표정은 상기되어 있었고 제스츄어는 불안하기만 했다. 끝내 1악장을 넘기지 못하고 건반을 '쾅!' 누르고 난 후 일어섰다.

"지허당, 한 곡 치시지요?"

"글쎄요, 손가락이 굳어서 되려는지요?"

나는 소녀가 펼쳐놓은 악보에 맞춰 키를 눌렀다. '즉흥환상곡'의 묘미는 빠른 템포에 있는데 도저히 마음대로 되지 않았다. 그런대로 마지막 음을 누르고 난 후 돌아보니 석우당은 창가에 서서 팔짱을 끼고 먼 하늘을 바라보고 있었다.

학교를 나와 촌락을 지나고 산새들이 우짖는 고갯길에 이르자 앞서 가던 석우당이 입을 열었다.

"지허당, 교육구청 문전에서 충격적으로 다가왔던 산중무력일山中無曆日이라는 애상적인 감정이 연쇄반응을 일으켜 현재의 자기 위치를 망각한 채 피아노 앞에 앉게 하더니 끝내는 나를 울리고 말더군요."

"왜요?"

"피아노를 치면서 손가락이 오타誤打할 때마다 나는 문혜군文惠君 중국 춘추시대 위魏나라의 혜왕惠王의 포정庖丁 포정해우庖丁解牛의 준말. 포정은 요리하는 사람. 해우는 소의 고기와 뼈를 갈라 나눔. 또는 짐승을 잡는 일을 업으로 하는 사람. 기술의 묘함을 찬미하는 말로 씀을 생각했소. 십구 년 동안 소를 수천 두 잡았으나 칼은 한 번도 숫돌에 갈지 않았다지요? 그런데도 칼날은 언제나 날카로웠다지요!

나는 그 포정의 환상이 던져 주는 조소 때문에 울어야 했소. 그 환상의 포정은 나에게 1년에 칼을 하나씩 바꾼다는 상급 요리인과 한 달에 칼을 하나씩 바꾼다는 하급 요리인을 차례로 앉히고 맨 나중에 빈 자리를 가리키며 나의 자리라 했소."

"……."

"내가 울었던 이유는 피아노 솜씨가 서툴러서 울었던 게 아니오. 나를 피아노에 앉게 만든 또 하나의 내가 있었기 때문이오. 한 달에 칼을 하나씩 바꿔야 하는 하급 요리인마저도 자기 몸은 상하지 않고 칼만 버리면서 소를 잡았소. 그러나 나는 소를 잡기 전에 내 몸을 먼저 잡고 있을 뿐이오."

"……."

"낭하에서 소녀가 곡을 마칠 때까지 기다리는 동안 나는 천뢰天籟 바람소리. 빗소리 따위. 자연의 가락에 맞는 뛰어난 시문와 지뢰地籟 땅이 울리는 갖가지 소리, 그리고 인뢰人籟 사람이 내는 인위적인 갖가지 소리를 생각했소. 한한閑閑한 천뢰, 묵묵默默한 지뢰, 그리고 간간間間한 인뢰라는 세 종류의 음악 중에서 나는 간간한 인뢰에도 미치지 못함을 뼈저리게 느꼈소.

남과 다투기 위해서는 자기 자신과의 다툼이 끝나야 하는데 나는 아직도 종말 없는 나와의 다툼질을 끝없이 계속하고 있을 뿐이오. 범부도 탈피 못하고 성문聲聞 부처님의 설법을 듣고 깨닫는 제자의 지위에도 이르지 못한 내가 보살이나 불佛의 지위를 노린다는 의식이 나의 뇌리를 강타하자 나의 안(內)은 그만 울지 않을 수 없었소."

고개를 숙인 채 묵묵히 걸어 가는 석우당의 표정은 짙은 고뇌로 일그러져 있었다. 나는 석우당을 뒤따라 걸으면서 내심으로 울었다. 피아노를 치면서까지 구도자求道者의 본분을 망각하지 않고 자신을 돌아다보는 석우당의 구도열求道熱을 값싼 추억으로만 보았던 나의 무지와 천박 때문에 울어야 했다. 그러면서도 석우당의 고뇌로 일그러진 표정이 마음에 걸려 그를 위로하겠다고 입을 열었다.

"석우당, 의식의 연쇄반응을 느꼈을 때는 벌써 그 연쇄반응으로부터 탈피했을 겁니다. 이미 사라져 버린 의식이 남긴 찌꺼기(殘滓)를 붙들고 괴로워할 필요는 없지 않을까요?

어찌 보면 의식의 요리인이 아니라 의식에게 요리를 당하고 있는 우리들에게는 불가능한 것 같지만 그러나 우리는 그 불가능을 가능으로 하기 위해서 지금 이렇게 이 산길을 걷고 있는 게 아니겠소?"

나는 석우당을 위로한다기보다 오히려 내 자신을 그렇게 위로하고 있었다.

"지허당, 범부가 고뇌 속에서 탈피하지 못하는 소이는 자기 자신에겐 언제나 관대하기 때문이오. 자신의 과오엔 눈을 감지만 타인의 과오엔 눈을 부릅뜨는 게 범부의 소행이요, 백안白眼 업신여기거나 냉대하여 흘겨보는 눈을 안에 감추고 득안得眼 세상의 핵심을 볼 수 있는 눈. 안목을 얻음을 밖에 표방하는 게 승직을 생업으로 삼는 승직자僧職者의 소행이오. 양의 동서와 고금을 막론하고 위선자를 가장 많이 양성하여 배출시킨 곳이 바로 승원僧院이오.

간경생활 53

위선자가 많은 승원일수록 참배자가 많소. 왜냐하면 위선은 무능과 무지를 현혹하기 때문이오. 승직자는 본래의 명분인 구세제민救世濟民에 임하기 전에 양지良知 경험이나 교육에 의한 것이 아닌 타고난 지능이나 지혜를 투철히 해야 하며 자기 자신을 양생養生 생生은 육체와 정신을 함께 일컬으며, 참된 삶을 살게 하는 법. 여기서는 수행해야 하오.

양생으로 자기 자신에겐 언제나 냉혹하여 과오를 범할 때마다 가차 없이 난도질을 해야 하오. 고독과 혈루血淚를 강요하는 비참하고 처참한 행위에 나는 언제나 내 자신에게 번번이 지고 말았습니다만……."

내 마음속을 꿰뚫어보는 석우당의 도력道力에 압도된 나는 끝내 웃지를 못하고 울면서 그의 뒤를 따라 귀로를 재촉했다.

우리가 반룡사에 우거寓居한 지 꼭 50일이 되던 날 조반을 끝낸 석우당은 웃으면서 이별을 알려왔다. 지난밤 자정까지 간경삼매看經三昧에 들어 있던 그가 이렇게 갑자기 별리別離를 고할 줄을 미처 몰랐던 나는 그가 내미는 작별의 손을 잡고 멍멍히 서 있었다.

노장은 미리 다 알았다는 듯이 고개를 끄덕이면서 몸조심을 부탁했다. 3년 행자는 동거기간 중 말은 과묵했지만 행行은 자상했던 석우당과 낙루落淚로써 석별을 고했다.

나는 그를 전송하느라고 고갯마루까지 나갔다. 우리는 고갯마루 쉬는 곳에 나란히 앉았다.

지난번 장터 길에 풍겨 주던 향기는 가시고 붉은 꽃을 잃고 파란 잎을 피운 진달래와 잡초가 내뿜는 나른한 기운이 흙냄새와 함께 감돌았다.

"지허당, 50일 간의 반룡사 생활에서 얻은 것은 아무것도 없소. 그 대신 회색 승복이 약간 퇴색된 것뿐이오."

"시간만 허송했다는 뜻이군요."

"그렇소. 삼장三藏 중 경장經藏은 언어의 한계성 때문에 고민했던 선각자, 싯다르타의 안타까움이 눈물겹도록 역력했을 뿐이오. 도道는 언어로 표현할 수도, 희롱할 수도, 또한 농락할 수도 없소. 도는 언어와 문학 밖에서 그들의 부덕을 탄嘆하면서 그들을 초월하여 존재할 뿐이오. 그래서 불립문자不立文字 견성성불見性成佛을 내세워 선禪을 권장했소.

논장論藏은 견백동이堅白同異 중국 전국시대 공손용의 궤변일 뿐이요, 화술을 자랑하는 변객辯客들의 변론 초록에 불과하오. 코끼리와 장님이라는 우화가 던져 주는 진의를 반추케 할 뿐이었소. 하기야 소피스트는 예나 지금이나 양洋의 동서를 막론하고 인간이 모두 도인이 되지 못하는 한 존재할 것입니다.

율장律藏은 불상佛像에 불과하오. 불상은 만왕萬王의 왕이지만 한 사람 신민臣民도 중선봉행衆善奉行도 못하고 제악諸惡을 막작莫作하지도 못할 뿐이오. 토불土佛이건 목불木佛이건 철불鐵佛이건 금불金佛이건 간에 말입니다."

"……"

"그러나 지허당, 어젯밤 내 손에서 경을 놓기 전까지만 해도 나는 무한량하게 많이 얻었다고 생각했지요. 그러나 경을 놓고 보니 얻은 것이라곤 아무것도 없다고 느껴졌소. 알겠소? 지허당!"

"나도 손에서 경을 놓은 다음에야 답할 수밖에 없군요."

석우당은 빙그레 웃으면서 고개를 끄덕였다. 서로 작별의 손목을 꼭 쥐었다.

"석우당, 가는 곳을 물어도 괜찮을까요?"

"산으로 가렵니다. 구름만이 쉬어 가는 산으로 가렵니다. 그래서 나도 푹 쉬어야 하겠습니다. 지허당, 오직 건강만을 바랍니다. 건강만이 성도成道의 관건입니다."

"감사합니다. 석우당."

구름만이 쉬어 가는 산을 향해 떠나는 그의 발걸음은 가볍기만 했으나 부처님도 계시고 구름도 쉬어 가는 처소를 향한 나의 발걸음은 무겁기만 했다.

석우당이 떠난 보름 후에 나도 바랑을 걸머졌다. 주마간산격走馬看山格으로 간경看經을 끝맺고 보니 서운하기도 했지만 시원하기도 했다. 경의

매력으로부터 벗어날 수 있었기 때문이었다. 소년 행자에겐 또 다시 눈물을 흘리게 하고 산문을 나서니 노장이 고갯마루까지 배웅해 주었다. 고갯마루에서 노자路資를 손에 쥐어 주면서 마냥 작별을 아쉬워했다.

"지허수좌, 석우수좌 만나거든 안부나 전하시오. 나는 그 수좌에겐 안부밖에 전할 것이 없다오."

"청출어람 이벽어람靑出於藍而碧於藍 쪽에서 뽑아낸 물감이 쪽보다 더 푸르다는 뜻으로, 제자나 후학이 스승이나 선배보다 더 뛰어남인가요?"

"아니오, 나는 처음부터 그의 스승은 될 수가 없었소. 오히려 그가 나의 스승이었소. 그것을 깨달았을 때 그는 이미 가버렸고 나는 그를 찾아가기엔 너무 늙었소. 나는 이미 백두난발수과이白頭亂髮垂過耳 늘그막에 어지러운 머리카락이 귀를 덮어 버렸네요."

"스님, 늦지 않습니다. 성도成道의 가능성은 운명 직전까지 열려 있습니다."

"그렇지요, 그렇지요!"

"스님, 감사했습니다. 안녕하시옵길 바랍니다."

"지허수좌, 감사하오. 다만 건강하기만을 바라오."

나는 지리산을 향해 발걸음을 재촉했다. 노장은 고갯마루에 서서 떠나는 나를 지켜보고 있었다. 고개를 내려와 개울을 건너면서 뒤돌아보니 노장은 그때까지 고갯마루에 부도浮屠 고승의 사리나 유골을 넣고 쌓은 둥근 돌탑

석종처럼 서 있었다. 나는 밀짚모자를 벗어 몇 번 흔들어 보인 후 징검다리를 건넜었다.

우거 寓居

석우당은 부스스 일어나 옷깃을 바로 하더니 밖으로 나갔다.
측간을 다녀온 석우당은 좌선입정坐禪入定에 들어갔다.
석우당의 비동성에 눌려 꼼짝 못하던 수마睡魔가 나를 덮쳤다.
콩 튀는 듯한 불붙는 소리에 눈을 뜨니
봉창에 여명이 깃들어 있었다. 심야의 불면과 오뇌의 까닭에선지
몽롱하기만 했다.

석우당의 비동성이 다시 의식되자 나는 짙은 열패감劣敗感과 끝없는 미망迷妄에 사로잡혔다. 현재의 나에게 저 비동성보다 더 부러운 게 있을까! 안심입명安心立命 불교의 선종禪宗에서 견성見性함으로 마음을 깨닫고 생사를 초월하여 마음이 편안해졌음을 일컫는 말을 몸소 체견體見해 주면서 나를 조소하는 것만 같은 비동성 때문에 나는 초조감까지 느껴야 했다.

그의 토굴생활은 보이지 않는 질서와 규율 속에서 추호의 방일도 없이 행해지고 있었다. 나는 오뇌懊惱 뉘우쳐 한탄하고 괴로워함에서 오는 오열로 말미암아 안타까움에 몸부림치다가 끝내 잠을 이루지 못하고 일어나 앉았다. 심체좌망心體坐忘 마음과 몸을 앉은 자리에서 잊어버림. 근심이나 번뇌, 망념을 훌훌 털어버림으로 자신을 초조감에서 구하기 위해서였다.

'유야有也! 유야有也!'를 붙들고 얼마를 지냈을까. 석우당의 비동성이 멎었다. 나는 재빨리 그러나 조용히 몸을 눕혔다.

석우당은 부스스 일어나 옷깃을 바로 하더니 밖으로 나갔다. 측간을 다녀온 석우당은 좌선입정坐禪入定에 들어갔다.

석우당의 비동성에 눌려 꼼짝 못하던 수마睡魔가 나를 덮쳤다. 콩 튀는 듯한 불붙는 소리에 눈을 뜨니 봉창에 여명이 깃들어 있었다. 심야의 불면과 오뇌의 까닭에선지 몽롱하기만 했다.

측간을 다녀나와 부엌으로 들어가니 솥에서 뿜어대는 꿀밤 삶아져 가는 냄새가 메스꺼웠지만, 질화로 위에 얹힌 철발우鐵鉢盂에서 퍼지는 오가피차의 향기는 옛 친구처럼 다정했다.

아궁이 앞에 앉아 불을 지켜보던 석우당이 자리를 바꾸어 앉으면서 내 자리를 마련해 주었다. 나는 아궁이 앞에 앉아 활활 타는 불에 장작 한 개비를 넣고 나서 무거운 입을 열었다.

"석우당, 여기서 한철 나고 싶은데 허락해 주시겠습니까?"

"그러시지요. 이곳은 주객主客도 물아物我도 없는 곳입니다. 구름도 쉬어 가고 산새도 쉬어 가는 곳이랍니다. 나는 그들을 부장불영不將不迎 누가 오든 언제 오든 늘 무심하게 맞이함한답니다. 그들도 나에게 마찬가지지만."

"감사합니다."

"감사할 것 없어요. 인연 따라 사는 건데요."

"식물사정食物事情은 어떠한지요?"

중생인지라 우선 식문제食問題가 궁금해서 묻지 않을 수 없었다.

"작년엔 꿀밤이 대풍이었어요. 그리고 머지않아 봄이 오잖아요, 들판의 봄은 보릿고개를 안고 오지만 산골의 봄은 나물을 안고 온답니다."

"감사합니다."

"감사할 것 없다니까요."

"결코 감사할 이유는 없는 것이겠지만 그러나 늘 감사하는 편이 내 마음을 더 편하게 하니까요."

석우당은 고개를 끄덕이며 입가에 가느다란 미소를 보여 주었다. 입술

안으로 들여다보이는 석우당의 이는 흑진주 같았다. 꿀밤이 만들어 준 고유한 빛깔이었다.

나는 그날부터 '심적深寂'에서 토굴생활이 시작되었다. 매사에 있어서 일거일동을 오로지 석우당을 좇아 행했다.

조반朝飯이 끝나자 꿀밤 솥에 불을 지펴 놓고 나무하러 갔다. 생목벌채生木伐採는 금하고 고사목枯死木만 채취하는 게 불문율로 돼 있어서 한낮이 돼서야 겨우 한 짐 할 수 있었다. 점심을 먹고 꿀밤 솥에 물을 갈고 불을 지펴 두고 또 나무하러 갔다. 나뭇길에서 돌아오니 석양이 우리들의 토굴을 황금색으로 물들여 주고 있다.

석우당이 저녁공양을 준비하는 동안 나는 꿀밤 까는 망치와 토막을 만들었다. 저녁이 끝나자 우리는 꿀밤을 까기 시작했다. 하루 식량은 발우로 두 개씩이었다. 나는 어둡기 전에 꿀밤 까는 요령을 손에 익히려고 애를 썼으나 어두워지자 손가락을 때리기 일쑤였다.

석우당은 정확히 똑딱거렸다. 틀림없이 괘종시계처럼. 석우당이 자기 몫을 다 깐 후에 일손을 놓자 나도 일손을 놓았다. 한 발우밖에 까지 못한 나로 인해서 그의 규칙적인 생활에 차질을 주지 않기 위해서였다. 물론 내가 석우당의 반량밖에 꿀밤을 먹지 못하니까 나의 몫은 충분하다는 속계산이 없었던 것도 아니었다.

꿀밤을 부엌으로 가지고 나간 석우당은 오가피차를 가지고 들어와 어둠 속에서 더듬거리며 나에게 권했다.

차를 시원스레 한 모금 마신 석우당이 입을 열었다. 새벽에 부엌 아궁이 앞에서 입을 다문 이후 처음이었다.

"지허당, 윗방에 거처하셔도 좋고 이 방을 같이 써도 좋습니다. 편할 대로 하시지요."

"글쎄요."

나는 얼른 결정을 못했다. 어젯밤 그의 비동성이 생각나자 얼른 윗방으로 가고 싶었으나 윗방이 깨끗이 도배되어 있다는 것이 생각나 망설이지 않을 수 없었다. 정淨 깨끗함과 예穢 더러움가 주는 차이감도 싫었지만, 주主와 객客 사이에 거리감이 생기지나 않을까 해서였다.

"지허당, 지나간 얘기 한 토막 하지요. 지난가을에 남방南方에서 올라온 어떤 수좌가 같이 지내자 하더군요. 그러자고 했지요. 이틀 동안은 나를 따라 같이 일하고 같이 먹었지요. 사흘째 되는 날 아침은 먹질 않더군요. 그러면서 꿀밤이 식성에 맞지 않으니 탁발을 해서 자기 양식은 따로 구하겠다고 하더군요. 그러라고 했지요.

나간 지 일주일 만에 돌아오는데, 나갈 때는 비었던 바랑이 꽉 찼더군요. 쌀과 고춧가루와 간장이더군요. 나더러 꿀밤은 별식으로나 먹기로 하고 식생활을 쌀로 바꾸자고 했어요. 자기가 쌀은 주선하겠다면서. 나는 오히려 쌀밥이 맞질 않는다고 섭섭하게 생각하지 않도록 거절했지요.

그날부터는 취사를 각자 따로따로 했지요. 그런데 밥 냄새와 간장 냄새가 나의 창자를 확 뒤집더군요. 그래서 꿀밤과 쌀이 무척 싸웠지요. 그러나 끝내 꿀밤이 이겼지요. 사흘이 지나자 또 나가더군요. 거처를 정결히 해야겠다면서. 여전히 빈 바랑을 걸머지고서 또 일주일이 지나 들어오는데 역시 바랑이 가득하더군요.

밀가루, 신문지, 시멘트 포대와 주부식主副食 등이더군요. 도배를 마쳐 놓고는 또 나가더군요. 이번에는 사흘 만에 돌아오는데 도끼와 톱과 겨울 내의 등을 가져왔어요. 다음 날부터 생목生木을 찍더군요. 열흘 걸려 장작 두 평을 해두고선 공부해야겠다면서 방에 들어앉았어요. 공부하려고 동분서주하며 애쓰는 양이 무척 고맙더군요. 그런데 들어앉은 지 나흘째 되던 날, 아침을 먹은 뒤 바랑을 지고 나서더군요.

이번에는 빈 바랑이 아니라 바랑이 꽉 차고 그 위에 칡으로 옷가지를 묶어 주렁주렁 매달았더군요. 떠나가면서 이 산 속에 재미있는 말을 남겨 놓고 가더군요. 가까이 토굴 주위를 훑어보고 멀리 산천을 둘러보고 난 후, 끝으로 자기 발밑을 내려다보더니, '새로 사 신고 온 신발만 다 낡았구나!' 하더군요. 그 수좌가 토굴에 두고 간 것은 도끼와 톱 그리고 윗방에 도배 종이들이지요."

"작심삼일이군요."

내가 무심코 내뱉은 말이었다.

"글쎄요!……"

아차! 나는 또 얻어맞았다. 석우당이 여운을 두고 발發한 "글쎄요!"에는 무수한 의미와 무한한 내용이 함축되어 있었다. 아찔함을 느낀 내가 화話를 달아 보면, '글쎄요! 작심삼일을 지껄인 당신은 이 생활을 얼마나 견디며 또 이 산을 떠날 때 무어라고 지껄이고 가겠소?'라는 것이었다.

나는 침묵하면서 내심으로 통곡할 수밖에 없었다. 석우당은 차가 담겼던 발우를 구석으로 밀치면서 조용히 말했다.

"지허당, 밤이 깊었소."

윗방과 아랫방 중 거처를 택하라는 말이었다.

"석우당, 내가 이 방에서 거처해도 석우당의 마음에 거리낌이 없다면 천만다행이겠습니다만."

"역시 지허당답구려! 자, 오늘은 이만 잡시다."

석우당이 아랫목에 자리 잡고 눕자 나는 윗목에 자리 잡고 누웠다. 석우당의 어김없는 비동성이 또 다시 나를 괴롭혔다. 나는 몇 번 옆치락뒤치락하다가 화두話頭를 잡았다. 그러다가 잠이 들었다. 눈 속에서 나무에 기어 오르내리면서 땔 나무를 했기에 피로했던 탓이었다

고행
苦行

'인간에게 구도행각은 꼭 필요한 것이다.
이것은 인간의 숙명 때문이 아니라 운명 때문이다'라고
중얼거린 나는 벌떡 일어났다.
내의를 찢어 이마를 동여매고 다시 나무에 기어올랐다.
그날 밤 꿀밤 까기가 끝나고 잠자리에 눕기 전에 석우당이 입을 열었다.
나의 추락이 가져온 부상을 보고도 일언반구도 없던 그였다.

내가 심적深寂에 몸을 붙인 지 일주일이 되던 날 오후에 나무에서 떨어졌다. 도끼를 허리에 차고 아름드리 꿀밤나무를 겨우 기어올라 밑에서 보고 겨냥했던 가지를 찍기 위해 발로 밟은 가지를 자세히 살피지 않은 탓이었다. 발을 의지하는 가지가 가늘면 한 손으로 굵은 가지를 잡고 다른 한 손으로 도끼질을 하지만 밟은 가지가 굵은 것 같아 두 발로 자세를 유지하면서 두 손으로 도끼질을 했다. 그렇게 하는 데는 정과 육의 일치를 필요로 했다.

몇 년 동안 산에서 산으로 전전하면서 살아온 나에게 나무 오르기가 몸에 배어 별로 주의를 하지 않았다.

결국 자신을 과신했던 부주의가 추락을 초래했다. 약 5미터 높이에서 도끼를 내려치는 순간 발로 밟아 부러지는 가지와 함께 떨어졌다. 떨어진 게 아니라 마치 다이빙을 하듯 거꾸로 물구나무를 섰다는 것이 맞는 표현일 게다.

오른쪽 이마와 볼과 어깨를 그대로 눈 속에 박았다. 정신이 아찔했다. 가까스로 일어나 살펴보니 눈雪 밑은 돌들이 쌓인 너덜겅 잔돌이 많이 깔린 비탈이어서 이마가 깨지고 볼이 째지고 어깨는 으스러지는 것 같았다.

다행한 건 떨어지면서 도끼가 손에서 분리된 것이었다. 오른손으로 이마에서 흐르는 피를 막고 눈을 감으니 약간 어지러웠다. 발로 눈을 꼭꼭 밟은 후 그 위에 나무토막을 놓고 앉았다. 화두는 멀리 도망가고 짙은 회의가 그 자리를 차지했다.

　인간이란 반드시 구도행각求道行脚이 필요한가? 구도자에겐 반드시 고행이 필수불가결한가? 고행은 반드시 이렇게 해야만 하는가? 나는 본本에서 자꾸만 말末로 연역해 나갔다. 회의는 나를 끝없는 미궁으로 몰아넣었다. 여러 순간이 지나갔다.

　미궁에서 방황하던 나에게 복음성福音聲이 들려 왔다. 그 복음성은 '메시아'의 왕림을 알리는 것이 아니라, 석우당이 저쪽에서 낫으로 마른 나뭇가지를 찍어대는 소리였다. 그 둔탁하게 울리는 쇠붙이와 나무가 부딪히는 소리는 미궁에서 방황하던 나에게 틀림없는 복음의 소리요, 피안의 건재를 알리는 소리였다. 나는 본本에서 말末로 연역된 것을 말末에서 본本으로 귀납시켰다.

　'인간에게 구도행각은 꼭 필요한 것이다. 이것은 인간의 숙명인간이라는 틀 때문이 아니라 운명인간 개개인이 만든 틀 때문이다'라고 중얼거린 나는 벌떡 일어났다. 내의를 찢어 이마를 동여매고 다시 나무에 기어올랐다.

　그날 밤 꿀밤 까기가 끝나고 잠자리에 눕기 전에 석우당이 입을 열었다. 나의 추락이 가져온 부상을 보고도 일언반구도 없던 그였다.

　"지허당, 고행은 자기 학대가 아니라 자기 위주가 아닐까요? 다시 말하면 양생이 바로 고행이 아닐까요."

　"무서운 양도론법兩刀論法이군요. 마치 문턱을 사이에 두고서 두 발을 양쪽으로 벌리고, '입入이냐, 출出이냐?'를 묻는 것과 같군요."

"지허당, 논리적인 시是와 비非를 떠나 현실적인 시비를 가려보자는 거요."

"표준의 상대성 때문인가요?"

"아니오, 언어의 한계성 때문이오."

"그럼 석우당의 질문에 대한 답변을 드리지요. 고행은 처음부터 끝까지 자기 학대임에 틀림없습니다. 자기 학대는 자기 훼손으로 바꾸어 말할 수 있습니다. 노자도 언급했지요. '爲道者는 日損이니 損之又損之하여 以至於無爲也라' 노자의 『도덕경』에 나오는 말이라고. 손損에 손이 거듭하여 마침내 손할 일이 없을 때, 비로소 득도할 수 있음을 말하는 것 아니겠어요, 자기 위주면 벌써 타인은 안목 밖이 아니겠어요?"

"지허당! 타인을 무시한 자기 위주야말로 진실한 고행이 아닐까요?"

"개연적 판단을 떠나 단도직입적으로 결론하시지요. 개연설은 회색적인데 회색적인 것은 언제나 기회와 위선을 노릴 뿐이니까요."

"지허당, 그럼 간단히 묻겠습니다. 지허당은 지금 일손日損을 거듭하면서 고행을 한다고 느끼고 있습니까, 생각만 하고 있습니까?"

"그렇습니다. 나는 고행을 생각하기도 하고 느끼기도 합니다. 어떻게 하면 좀 더 철저하게 고행을 할까 하고 수단과 방법을 강구하고 오늘처럼 낙상을 한다거나 매 끼니를 꿀밤으로 대할 때마다 고행을 절실히 체감하고 있습니다."

"지허당, 지허당의 고행은 벌써 고행이 아닙니다. 노자는 실제로 고행을 해보지 않고 다만 노자의 지혜로써 고행을 유추하고 그런 말을 했을 뿐이오. 그러니 지허당의 고행은 고행을 체견은커녕 체감도 못한 노자의 도를 위해 던진 무의미한 희생에 불과합니다. 본래 고행이란 것은 고행을 생각했다거나 느꼈다면 이미 고행은 아닐 것입니다.

고행이란 것을 전연 잊고 무의식적으로 고행하게 되어야 참된 고행이며 비로소 견성見性하여 피안에 이를 것입니다. 또한 견성이니 피안이니 하는, 내가 도달하지 못한 사치스러운 용어를 쓰는 것은 한갓 나의 부덕한 노파심 때문입니다만 그것은 어디까지나 처음부터 끝까지 어휘로서 빌려 쓴 것뿐입니다."

"무척 많은 생각을 필요로 하는 이론이군요."

"이론으로 간과했다니 다행으로 생각하면서도 다시 한 번 더 예증하겠습니다. 희생을 생각하고 느끼면서 던지는 희생은 이미 희생이 아니고 위선에 불과합니다. 구도자가 구도를 생각하고 느낀다는 것은 마치 색한色漢이 꿈속에서 계집을 생각하고 교감을 느끼는 것과 같습니다."

나는 입을 열지 못했다. 그의 말이 현실적으로는 극히 모호한 것 같았지만 모호한 현실 내에 진실한 현실이 존재할 수 있다는 가능성을 나는 부정도 긍정도 할 수 없었다.

물론 이것이 형이상학에 포로가 된 나의 비극임을 누구보다도 (내) 자신이 잘 알고 있었으면서도.
　"지허당, 우리도 좌절을 넘고 넘어서 끊임없이 나아가면 맞이하게 될 언젠가의 내일이면 고소를 금치 못할 언어의 유희와 시간을 가졌었군요. 물론 현재의 우리들에게는 어쩔 수 없이 필요한 시간이기도 했습니다만. 자, 밤이 깊었군요. 지허당!"

　우리는 자리에 누웠다. 석우당은 어김없이 코를 골았다. 언제나와 같이 큰 대자로 사지를 벌리고서.
　역시 나에게 부러운 건 저 어김없는 비동성과 쩍 벌린 네 활개였다. 그것들은 그가 편히 쉬고 있다는 것을 잔혹하리만치 참되게 증명해 주는 것이기에.

나신
裸身

천장을 쫓던 나의 눈길이 피로하여
잠을 청하려고 모로 눕느라 고개를 돌리자 아랫목에 누운
석우당의 나신裸身에 멎었다.
천장을 향해 네 활개를 펴고 코를 골아대고 있는 그의 적나赤裸는
옷을 걸친 나의 수식을 힐책하면서 나의 위선을 탄嘆하는 것만 같았다.

3월 보름날이었다. 점심을 치르고 우리들은 여전히 나무하러 갔다. 석우당이 지게를 내려놓고 나무 자리를 잡자 나는 더 멀리 나갔다. 지게를 내려놓고 나무를 시작하면 여하간에 한 짐을 하게 마련인데도 나태하고 부유한 나의 눈(目) 때문에 언제나 마른 나뭇가지가 많은 곳을 찾느라고 꽤 많은 시간을 낭비했다.

그러나 멀리 나간 보람이 있어 불감이 좋은 나무를 한 짐 짊어지고 돌아오니 해가 뉘엿거렸다. 손발을 녹이고 저녁을 준비하려고 부엌으로 들어가니 석우당은 홀랑 벗고 아궁이 앞에 쭈그리고 앉아 누더기를 말리고 있었다.

"웬일이시지요?"

경악을 금할 수 없어 눈을 둥글게 그리면서 조급하게 묻는 나의 거동을 거들떠보지도 않은 채 불꽃에 마냥 눈길을 주고 있던 석우당이 조용히 입을 열었다.

"오늘이 보름날이지요. 달포를 두고 나와 함께 자리를 같이 했던 굉과 충肱科蟲이나 벼룩, 빈대 따위들을 제도하고 있는 중입니다."

"예!"

불가에서는 매월 망회일望晦日 음력 보름과 그믐. 삭망朔望은 음력 초하루와 보름엔 삭발을 하고 세탁을 한다. 그날은 불보살이 중생을 업에 따라 제도하는 날이기 때문이다. 나는 석우당이 말리고 있는 누더기를 자세히 살펴보

왔다. 최초에 말아 지었던 옷의 천이 무슨 천이었는지 식별할 수 없었다.

무명과 광목 천 조각들로 이리 기우고 저리 기운 누더기는 두께가 솜옷보다 두꺼운 곳도 있었으나 어떤 곳은 천 한 조각이 간신히 붙어 있었다. 색깔은 온통 잿빛이 아니고 깜장 천이 군데군데 붙어 있었다.

나는 부엌을 나와 땅굴로 갔다. 바랑을 꺼내어 하의를 가지고 부엌으로 돌아왔다. 홑바지저고리와 속셔츠와 팬티를 내밀었다.

"저한테 하의지만 여벌이 있으니 갈아입으시죠."

"아니에요, 이렇게 지낸 지 벌써 1년이 지났습니다. 이젠 벽癖 습관이되어서 괜찮아요."

"그럼 내의라도 입으시죠."

"아니오. 내의를 몸에 붙여 보지 못한 지도 벌써 1년이 지났어요."

나는 석우당의 고집을 아는 터라 더 권하지 못하고 옷을 들고 한동안 괴뢰자꼭두각시처럼 서 있었다.

"3년 전 이곳에 들어올 땐 바랑이 꽤 컸지요. 물론 하절이었으니까 동복은 없었습니다만 가사와 장삼과 두루마기와 갈아입을 바지저고리 한 벌과 내의가 들어 있었으니까요. 본체本體가 아니고 물物이라 세월과 함께 마멸되어 가더군요. 찢어지고 구멍이 뚫리기 시작하자 땜질을 했지요. 처음엔 깁는 게 서툴러 엉망이었어요. 바지저고리가 없어지고 두루마기가 사라지고 내의가 도망가고 바랑은 조각나고 마지막엔 가사와 장삼만이 남았지요.

 명색이 법복이고, 또 물려주신 은사스님 때문에 한동안 많은 생각을 필요로 했기에 옷깃 사이로 살을 드러내 보이면서 바람을 맞아들이며 지냈지요. 하지만 눈보라가 치니 어쩔 수 없더군요.

 법복의 존엄성도 사제스승과 제자 간의 의리도 동사凍死 직전으로 나를 몰아넣으려고 하는 동장군이 아랑곳하지 않기에 나도 어쩔 수 없이 장삼을 조금씩 찢어 누더기에 이리저리 얽어 입었지요. 장삼이 다하니 마지막엔 가사 차례였지요. 가사는 금년 들어 찢어 붙이기 시작했지요. 가사의 잔해는 아직 많이 있어서 누더기에 흠집이 나기만을 기다리느라 저 천장에 매달려 있지요."

 석우당이 가리키는 부엌 천장에는 가사 조각들이 뭉쳐져 매달려 있었다.

 "지허당, 볼품없는 사내의 나신을 처음 대하니 이상야릇하겠지만 횟수를 자주하면 무관심해지면서 미추의 감정도 없어질 것입니다. 아마도 인간이 옷을 걸치기 시작하면서부터 고통이 시작되었을 겁니다."

 "……."

 "하지만 나도 어쩔 수 없는 인간의 한계성 때문에 이렇게 누더기를 말려 입어야 하는군요!"

 석우당의 입가엔 내용 모를 웃음기가 그려졌고 눈가엔 이해 못할 웃음이 감돌았다. 그는 틀림없이 내심으로 웃으며 또 울고 있었다.

"석우당, 인간의 한계성이란 무엇인가요?"

"지허당 사과를 어떻게 정의할까요? 홍紅, 청靑, 황黃의 색소 차이로? 양樣의 대소 차로? 중량의 경중 차로? 양良 감甘 산酸의 미각 차로? 사과의 피와 육과 골수가 주는 감도 차로?

한 개의 물체를 정의내리는 데는 이처럼 많은 각도에서 시찰되고 실험되어 개념들이 주어집니다. 이 여러 개념 중에는 피상적인 것과 중추적인 것이 있습니다. 사과를 정의함에 있어서 중추적인 것은 예문한 것들 중 전자들이 아니라 후자입니다. 사과의 껍질과 살과 씨통을 모조리 씹어 먹어본 다음에야 비로소 사과의 진성과 진미를 알 수 있습니다.

사과의 껍질만 먹은 사람과 살만 먹은 사람과 씨통만 먹은 사람, 이 세 사람은 각기 다른 정의를 사과에 던집니다. 빙산의 일각을 보는 격이어서 이들은 서로 시비를 가립니다. 그런데 한 사람이 있어서 사과를 껍질부터 알맹이까지 먹고 나서 세 사람에게 사과의 정의를 알립니다.

그러면 전자의 세 사람은 시비를 멈추고 합세하여 후자를 공격하다가 끝내는 후자를 미치광이로 돌리고 맙니다. 이것이 바로 합리주의의 노예가 된 현대인의 적나라한 실상입니다. 지허당, 이해가 되시는지 나의 이 우언寓言 어떤 뜻을 직접 말하지 않고 다른 사물에 비유하여 의견이나 교훈을 나타냄이."

"글쎄요, 본本과 말末의 문제인데!"

"지허당, 어둠이 제자리를 지키는군요. 인간의 한계성과 가능성은 다음 시간으로 넘깁시다. 우리는 저 어둠처럼 제자리에 충실해야만 하겠습니다."

나는 저녁을 준비하면서 내심으로는 또 울었다. 석우당이 나에게 던진 사과의 비유는 나의 지식에 대한 천박과 우둔, 그리고 편파성을 찌르는 것이었다. 그러면서 나의 인간적인 미숙을 탓하는 것이었다.

불가佛家에서 흔히 말하길 도인道人만이 도인을 알아본다고 한다. 환언하면 동등한 지혜가 아니고서는 상대방과 이심전심以心傳心 불교의 선종에서 말하는 마음에서 마음으로 법을 전함은 말할 것도 없거니와 대화마저 불가능하다는 것이다. 그러니까 그는 이미 나의 무지無知를 아는 터라 우리 양자 간의 거리를 느끼고 더구나 나의 불급不及을 알고 있는 터였다.

꿀밤 손질이 끝나자 자리에 누웠다. 석우당의 누더기는 말려서 밝은 날 입어야 했다. 그러기에 방 안에서 말리느라고 피나무 껍질로 꼰 줄을 양쪽 벽을 맞보게 늘이고 그 위에 누더기를 널어놓았다. 햇볕이 아니고 방 안 훈기에 옷을 말리는 탓으로 누더기 말라 가는 냄새가 잠자리에 든 나를 약간 괴롭혔다.

비누도 없이 더구나 사내가 빨았기에 겨우 겉에 배인 땀과 땟국만 빠졌을 뿐이어서 고리타분하고 쉰 냄새가 코끝을 찔렀다. 더구나 석우당의 비동성도 약간 거슬려 눈을 감았으나 얼른 잠을 이루지 못했다. 잡다한 환상이 눈꺼풀로 덮일 혹 같은 공동空洞을 이룬 동공의 사이사이를 누비려 하자 나는 다시 눈을 떴다. 그러자 십오야十五夜 밝은 달빛이 방문을 통해 새삼스럽게 느껴졌다.

천장을 쫓던 나의 눈길이 피로하여 잠을 청하려고 모로 눕느라 고개를 돌리자 아랫목에 누운 석우당의 나신裸身에 멎어졌다. 천장을 향해 네 활개를 펴고 코를 골고 있는 그의 적나赤裸는 옷을 걸친 나의 수식을 힐책하면서 나의 위선을 탄嘆하는 것만 같았다.

그러자 문득 『장자莊子』 가운데 '원군元君의 화가'가 나의 뇌리를 강타했다. 원군의 화가란 이런 것이다.

송宋나라 원군이 그림을 그리려고 여러 화가들을 소집했다. 화가들은 소집령을 듣고 모여들어 붓을 입으로 빨고 먹을 갈며 그림을 그리려고 법석을 댔다. 경쟁자가 너무 많아 약 반수는 대궐 밖에서 서성대며 기다리기도 했다.

그런데 화가 한 사람이 맨 나중에 와서도 급히 서두르지 않고 천천히 화제畵題를 받더니 그 자리를 떠나 자기 집으로 돌아갔다. 원군이 사람을 시켜 알아본즉 그는 집에 가서 의복을 벗고 다리를 드러내어 벌거숭이가 되어 있었다. 원군은 감심하여, "되었다. 그가 참된 화가이다"라고 했다는 것이다.

  동서고금을 통해 명성을 날린 화가들의 기량이란, 아니 그보다 넓혀 인간의 기량이란 하나의 군더더기에 불과할 뿐이라고 석우당의 나신은 알려 주고 있었다. 그러면서 진정으로 화룡-점정畫龍點睛 용을 그릴 때 마지막에 눈을 그려 완성시킨다는 뜻으로 가장 요긴한 부분을 마치어 일을 끝냄. 장자 외편 전자방 아홉 번째 나오는 이야기로 높은 기예를 터득한 자는 자득自得의 풍모를 지니며 결코 외형에 마음이 사로잡히지 않음을 말한다할 수 있는 화가는 벌써 붓대를 꺾어 버린다고 알려 주었다.

  나는 눈을 감았다. 나의 무지와 왜소함이 뼈저리게 느껴졌다. 하지만 나는 어떻게 그 무지를 타파하고 왜소를 지양止揚할까를 모색해 보기도 전에 육신의 피로가 끈질기게 불어넣는 수마睡魔에 끌려 무명無明 속으로 깊숙이 빠져 들어갈 뿐이었다.

그림자

하늘로만 향했던 무거운 고개가 땅으로 숙여지면서 흐느낄 때,
햇빛은 조용히 나를 어루만지면서 흐느끼는 그림자를 그려 주었습니다.
이때 흐느끼는 그 그림자는 고개를 땅으로 돌렸던 나의 눈에 비쳐졌습니다.
흐느끼는 그림자는 몹시 추했습니다.
나는 흐느끼는 그림자가 보기 싫어 다시 고개를 하늘로 향하면서
신의 손길을 열망했습니다.

삼월이 저물어 갔다. 나는 심적생활深寂生活에 점차 적응해 갔다. 잡다한 미각을 망실한 채 꿀밤과 석간수石間水에 기갈을 의탁했고 석우당의 비동성에도 면역이 되어 기심忌心이 사라져 무심無心할 수 있었다. 이 모든 면역성은 육체가 피곤하여 정신에겐 화사한 여가를 주지 않았기 때문이었다. 잠자리에 눕자마자 석우당의 비동성이 들리기 전에 내가 먼저 잠들어 버렸다.

진눈깨비가 짓궂게 내리는 오후의 나뭇길에서 돌아오던 나는 실족하여 무릎을 많이 깼다. 나뭇짐을 짊어진 채 엎어지면서 무릎을 받힌 곳이 하필 모난 돌이어서 옷을 뚫고 들어간 돌 끝이 무릎의 살점을 도려내고 흰 뼈를 드러나 보이게 했다.

내의 한쪽을 찢어 지혈 조치를 하고 다리를 뻗어 보니 통증이 심했다. 옆에 서 있는 아름드리 꿀밤나무에 기대어 눈을 감으니 서글픔이 처절히 찾아들었다. 장한감長恨感 때문에 온몸이 오싹함을 느꼈다. 진눈깨비는 요란하게 지각知覺을 두들겼다. 눈을 감고 처연히 나무에 기대어 서 있는 나의 귀에 만가輓歌 상여꾼들이 부르는 소리. 죽은 이를 애도하는 시가詩歌처럼 들려왔다.

뱁새가 황새걸음을 흉내 내다간 다리가 찢어진다는 속담이 나를 슬프게 했다. 남에게 지지 않으려는 경쟁심 때문에 승리감과 우월감 때문에 나는 땔감 한 가지라도 석우당보다 많이 하려고 처음부터 노력했으나 끝내는 내가 지고 있음을 느꼈을 때 나에게 찾아온 열등감은 나를 슬픔으로 끌어넣었다.

석우당은 언제나 정확한 시간에 정확한 양의 나무를 했다. 다소多少나 굴곡이 없는 그의 나무하기에 비해 나는 판이한 양상이었다. 어떤 날은 석우당의 곱을 하는가 하면 어떤 날은 시간을 맞추지 못해 어두워 돌아오면서도 석우당의 반량밖에 하지 못했다. 산술평균치를 내 보더라도 나는 석우당에게 훨씬 뒤떨어진 양이었다.

석우당은 어느 곳이나 지게만 벗어 놓으면 한 짐을 거뜬히 했지만 나는 나무가 많은 곳을 살피느라 좌왕우왕 상고하찰上考下察하다 반나절의 시간을 잃기가 일쑤였다.

그러자 내 딴에는 인간의 계량심計量心을 발동시켜 산술평균치로 작업량을 촌탁忖度 헤아림하려 했다. 어떻게 해서든지 석우당에게 지지 않으려는 경쟁심의 소치가 끝내는 부상을 자초하면서 장한長恨을 야기시킨 것이다. 그러나 언제까지나 진눈깨비를 맞으며 꿀밤나무에 기대어서 자신을 울릴 수만은 없었기에 나는 다시 지게에 나무를 짊었다.

과중한 양이었으나 기어코 다 짊어지고 일어서니 상처 입은 다리가 후들거렸다. 지게작대기로 다친 다리에 힘을 보태 주면서 절뚝거리며 걸었다. 한 번만 쉬면 갈 거리인데 세 번이나 쉬어야 했다.

석우당은 절룩거리며 돌아오는 나를 한참 동안 뚫어지게 쳐다보더니 아무 말 없이 자신이 하던 저녁 준비를 계속했다. 어쩌면 도반이 상처를 입어 고통스러워하는데 저렇게도 무관심할 수가 있을까? 그의 몰인정이 원망스럽기만 했다.

"지허당, 한단지보邯鄲之步를 기억하시지요? 연燕나라 소년이 조趙나라 도성인 한단邯鄲에 가서 조나라 걸음걸이를 배우려다가 걸음걸이를 배우기도 전에 자기나라 걸음걸이까지 잃고 필경 네 발로 기어 자기 고국으로 돌아갔다는 고사故事 말이외다."

"예, 알고 있지요."

석우당은 또 다시 나의 허를 찌르기 시작했다.

"서시지빈西施之矉을 기억하시지요? 서시가 심병 때문에 눈살을 찌푸리고 고을을 지나는 것이 무척 예뻐 보이자 그 고을 추부醜婦도 흉내로 눈살을 찌푸리고 다니니 부자富者는 폐문閉門한 채 외출을 금하고 빈자貧者는 처자를 이끌고 고을을 떠나갔다는 고사 말이외다."

"그것도 기억하고 있지요."

나는 석양에 느꼈던 그의 몰인정 때문에 퉁명스럽게 대답했다.

"지허당, 누워서 한 시간 취하는 수면은 앉아서 취하는 세 시간의 수면보다 승勝하고 서서 취하는 다섯 시간의 수면보다 수승할 것입니다. 이처럼 자성自性을 무시하고 인간의 작위作爲에 성명性命을 맡기는 자는 인제나 허위에 사로잡히기 마련이요, 구도자를 표방하고 고행을 한다면서 양생養生을 외면하는 행위는 종교적 의식으로 재계齋戒는 될지언정 심적 재계는 되지 못할 것입니다."

"그렇다면 석우당, 마구간에서 무위도식無爲徒食 하는 일이 없고 먹고 놀기만 함하는 말이 달리는 말이 일구는 먼지를 보고 어떻게 할까요? 힝힝거리며 자기도 뛰고 싶어 할까요? 아니면 군자연君子然하면서 외면해 버릴까요?"

"지허당, 포식한 말이면 뛰고 싶어 할 게고 주린 말이면 외면해 버릴 거요. 이것이 마구간에 매인 말의 습성이오. 그러나 야생마는 이와 반대지요. 백락伯樂 말(馬)의 좋고 나쁨을 잘 감정하는 사람. 인물을 알아보는 안목이 있는 사람이 아니라도 알 수 있는 일이오."

나는 숙연해졌다. 꼬리로 치려다가 꼬리를 잡힌 격이었다.

"지허당, 무릎이 깨져 임리淋漓 피, 땀, 물 따위가 홍건하게 흐르거나 뚝뚝 떨어지는 모양하는 선혈鮮血을 대할 때 감정의 추이가 어떠했습니까? 비悲에서 희喜로, 아니면 허탈에서 체념으로 아니면, 좌절에서 초극으로, 아니면 이것도 저것도 아닌 단무심但無心이었습니까?"

"슬픔이 빚어준 '오만한 모멸'뿐이었지요."

"지허당, 신외身外에 무물無物이며 아생연후我生然後에 만사재기중萬事在其中이란 속담몸밖에 물건이 없으며, 내가 있은 연후에 만사가 있다이 있습니다.

얼핏 보기엔 극히 이기적이고 유아독존적인 말 같지만 자세히 음미해 보면 존재의 보편타당성을 표현한 극치임을 알 수 있습니다.

무한한 공간, 무량한 원소, 무진한 시간, 무궁한 활덕活德 에너지의 부단한 작용에 의해 명멸하는 무수한 존재 중의 하나인 나를 의식할 때, 비로소 나는 나를 찾아보게 됩니다. 나를 찾는 동안 나는 양생養生해야 하며 양생하기 위해 수신해야 합니다.

이렇게 하여 나를 찾았을 때는 이미 나는 없고 다만 적멸寂滅이 있을 뿐입니다. 그런데 어찌 임리하는 선혈을 보고 '오만한 모멸'을 던질 수 있단 말입니까?"

"도대체 그 적멸이란 게 뭔가요? 우리를 이 깊은 산 속에까지 유혹해 온 그 적멸이라는 것 말입니다."

"지허당, 나는 적멸을 모릅니다. 그러나 적멸은 문자로써 표현할 수 없으며 적멸을 운위하면 벌써 적멸이 아니라는 것은 알고 있습니다. 적멸을 운위함은 마치 장님들이 코끼리를 만지면서 지껄였다는 우화에 지나지 않습니다. 다만 성성醒醒히 오득悟得하고 체감해야 할 뿐입니다."

나는 답답했다. 울고 싶도록 서글퍼졌다. 무릎에서 오는 통증은 나의 정진력을 감퇴시키면서 회의와 권태를 불러일으켰다. 석우당의 지껄임이 궤변으로밖에 들리지 않았다.

"석우당, 웬일인지 답답하고 지루하기만 합니다. 그래서 울고만 싶을 뿐입니다. 석우당의 얘기를 들으니 마치 불경佛經을 읽는 기분입니다. 불경은 처음부터 끝까지, 적멸과 혼돈의 경계선에서, 저 멀리 경계선 너머 적멸을 가르칠 뿐이지 그리로 인도하지는 못합니다."

 석우당은 자신의 경험을 말했다.
 "지허당, 나는 지금까지 살아오는 동안 의식하면서부터 꼭 세 번 눈물을 흘렸습니다. 최초에 흘린 눈물은 내가 20세에 부친상을 당했을 때였습니다. 부음을 받고 하향할 때까지도 자못 담담했습니다.
 그때 나는 『장자莊子』를 탐독하는 때여서 '莊子妻死 惠子弔之, 莊子則方箕踞鼓盆而歌 장자의 처가 죽으니 혜자가 조문했다. 그때 장자는 다리를 뻗치고 항아리를 두들기며 노래를 부르고 있었다'라고 시작되는 외편의 「지락장至樂章」을 음미하면서, 아버지도 오실 때 오셨으니 가실 때 가시는 것이고, 천지天地라는 큰 집에 안식하고 계시는 거라고 생각했을 뿐이었습니다.
 본가에 내가 도착하니 곡성이 또 다시 진동했지만 그때도 나는 담담했습니다. 그러다가 내가 상복을 입고 빈소에 들어가려고 사랑문을 열려고 할 때에 문고리를 잡은 나의 손목에 베로 만든 상복의 넓고 긴 소매가 펄럭임을 느끼자 나도 모르는 사이에 눈물이 비 오듯 흘러내렸습니다. 저 쇼펜하우어가 말했다지요. 세상은 생각하는 사람에게는 천국이지만 느끼는 사람에게는 지옥이라고.

　생각하는 것과 느끼는 것의 차이를 실감할 수 있었습니다.

　두 번째는 내가 반룡사에서 간경할 때였습니다.

　'분명히 열반은 있고, 또 열반에 가는 길도 있고, 또 그 길을 교설하는 나(如來)도 있건만 사람들 가운데는 바로 열반에 이르는 이도 있고, 못 이르는 이도 있다. 그것은 나로서도 어떻게 할 도리가 없다. 나(如來)는 다만 길을 가리킬 뿐이다.'

이 경구를 읽은 나는 울먹이는 가슴을 가까스로 억제하면서 불타의 인간적인 너무나 인간적임을 신앙을 넘어선 감정으로 흠앙했었습니다. 불타는 처음부터 끝까지 자기 자신이 오득悟得한 열반의 길을 교시하여 준 선각자임을 스스로 말했을 뿐 자기 자신을 가리켜서 '내가 길이요, 진리요, 생명이니 나를 따르라'고 교설하면서 하나님의 독생자를 자처하는 예수처럼 전지전능을 역설하진 않았습니다.

　인연 없는 중생을 제도 못한다는 불능不能을 현시顯示하면서까지 불교는 끝까지 인간적임을 강조했습니다. 불타가 임종 시 제자들에 둘러싸여 마지막 설법을 할 때였습니다.

　'부처님, 마지막으로 저희들에게 들려주실 법문은 무엇이옵니까?'

　'내가 비구들에게 설법을 행한 적이 있었더냐.'

'사십팔 년간 무량한 법문을 설하셨습니다.'

'아니다. 나는 한 마디의 법문도 설하지 않았다'라고 불타께서는 대답하셨습니다.

언어의 상대성과 부조리를 탄하면서 침묵으로 열반을 교시敎示한 채 조용히 적멸을 향해 갔습니다. 거기에는 예수가 십자가에 못 박혀서 '나를 버리시나이까?'를 외치는 비극적인 광경도, 베드로가 몸부림치며 '어디로 가시나이까?'를 외치는 풍경도, 소크라테스가 약사발을 들고 달걀이 주는 채무감을 잊으려는 소심한 정경도 없었습니다.

언어의 무분별과 부조리를 통탄하는 불경은 나의 손에서 떨어지고 눈에서는 눈물이 비 오듯 쏟아졌습니다. 그 뒤로 나의 손에는 다시 경이 쥐어지지 않았습니다.

세 번째는 이 토굴에 들어온 지 며칠이 지난 날이었습니다. 무척이나 더운 여름날이었습니다. 채약하러 함박산으로 향했습니다. 정오가 되자 나는 돌아오려고 했으나 작약과 산당귀가 자꾸 눈에 띄어 시간을 망각한 채 약초를 따라 그만 함박산 너머까지 갔었습니다. 기갈을 느꼈을 때는 이미 해가 서쪽으로 기울어져 있었습니다.

섬짓 놀라 너무 멀리 나온 것을 자책하면서 발길을 돌려 귀로에 올랐으나 토굴은 보이지 않고, 원시림 속의 종잡을 수 없는 미로에서 방황하는 나에게 공포가 절절히 찾아왔고, 찌는 듯한 염천 오후의 무더위와 공포는 나에게 식은땀을 안겨 주었습니다.

깊은 산에서 길을 잃고 방황하는 나에겐 입산하여 칠 년 동안 줄곧 행했던 심체좌망이나 좌선입정이란 하나의 구두선口頭禪 실행이 따르지 않는 빈말에 불과했고 심신이 함께 질서를 잃고 공포감에 사로잡혀 명부冥府의 문전에서 애통하게 절규하는 사자死者와 방불했을 뿐입니다.

나는 아무렇게나 그 자리에 털썩 주저앉았습니다. 눈을 감으니 가벼운 현기증이 일어났습니다. 그러면서 망각 깊숙이 종말의 어두운 그림자가 한 겹 짙은 농도로 베일을 쳐 왔습니다. 생의 종말이 암흑이라고 한 선입관 때문이었습니다.

나의 자유 이전에 이루어진 세상과 나의 의지를 무시한 운명을 기어코 나의 자유와 의지대로 변혁시키겠다는 모든 의욕은 좌절되어, 종말을 다소곳이 받아들이려고 체념한 채 형 집행을 기다리는 사형수처럼 눈을 감고 조용히 앉아 있었습니다.

그러다가 마지막 세상을 한 번 더 보고 싶은 충동을 느꼈습니다. 난 조용히 눈을 떴습니다. 그 순간에도 세상의 모든 존재는 묵묵히 자기 일에 충실하고 있었습니다. 서산에 비낀 태양도, 열기를 뿜어대는 대지도, 거목 끝에 달린 잎을 한들거리게 하며 지나가는 미풍도, 그저 무심히 침묵을 외면하면서 시간을 쫓고 있었습니다.

상하 전후 좌우를 아무리 살펴보아도 세상은 종말 직전에 놓여 있는 나를 외면할 뿐, 어떤 조그마한 배려도 연민도 보여 주지 않았습니다.

종말감을 안고 불안과 고독에 들뜬 평범한 인간이 최후로 갖는 감정이란 하늘에 계신 유일절대이며 전지전능하다는 신神을 찾는 것입니다.

나는 7년 동안의 산간생활에서 얻은 습관의 타성을 잃고 어린 시절 할머니 품에 안겨 들었던 신화 속으로 끌려들어가 신을 찾았습니다.

나는 미친 듯이 일어나 밀림을 헤치고 하늘이 좀 더 훤히 보이는 곳을 향해 내달리면서 신을 찾아 울부짖으며 구원의 손길을 간절히 열망했습니다. 밀림을 빠져나와 계곡에 이르니 그늘 없는 하늘을 바라볼 수 있었습니다. 난 계곡을 따라 달리면서 타잔처럼 울부짖으며 신을 찾았습니다.

죽음의 차사差使 죄인을 잡으려고 보내던 관원가 달려오도록 울부짖는 애통한 절규와 애절한 호소에도 불구하고, 하늘은 그대로 높고 푸르기만 하면서 나의 울부짖음을 메아리로 돌릴 뿐이며, 햇빛은 평화롭게 세상을 어루만지고 세상은 자기 일에 충실할 뿐이었습니다.

고개를 하늘로만 주고 달리면서 울부짖던 나는, 그만 돌에 걸려 앞으로 고꾸라져 엎어졌습니다. 그러나 땅을 향해 신을 찾을 수는 없었기에 일어나 다시 달리려 했으나 불능이었습니다. 이미 나의 육신은 밀림의 형극과 계곡의 돌부리에 걸려 만신창이가 되어 있었습니다. 겨우 꿇어앉아 하늘을 향해 피눈물을 쏟고 선지피를 흘리면서 구원의 손길을 갈망했습니다.

하늘로만 향했던 무거운 고개가 땅으로 숙여지면서 흐느낄 때, 햇빛은 조용히 나를 어루만지면서 흐느끼는 그림자를 그려 주었습니다. 이때 흐느끼는 그 그림자는 고개를 땅으로 돌렸던 나의 눈에 비쳐졌습니다. 흐느끼는 그 그림자는 몹시 추하기만 했습니다. 나는 흐느끼는 그 그림자가 보기 싫어 다시 고개를 하늘로 향하여 흐느끼면서 신의 손길을 열망했습니다.

그러나 하늘로 향한 고개는 고통스럽기만 하여 언제까지나 흐느낄 수는 없었습니다. 다시 고개를 땅으로 숙였을 때, 흐느끼지 않는 평정한 그림자가 내 눈에 비쳤습니다.

그러나 나는 고개가 조금 평안해지자 다시 하늘을 향해 흐느꼈습니다. 흐느낌을 계속하면서 고개의 통증 때문에 다시 땅으로 고개를 숙이자 그림자도 추하게 흐느꼈습니다. 내가 나의 추태를 보여 주는 이 추한 그림자가 보기 싫어 쫓으려고 몸부림을 치자 그 그림자도 똑같이 몸부림을 쳤습니다.

내가 내 몸부림에 지치고 말자 그림자도 지쳐 있었습니다. 이때 나는 문득 세상에서 오직 그림자만이 나를 따라, 그리고 나와 함께 행동하고 있음을 발견했습니다. 극히 찰나적이었습니다.

내가 비로소 그림자를 보고 웃자 그림자도 따라 웃었습니다. 내가 그림자를 이해한 그 웃음이 바로 입산하여 7년간의 수도생활을 통하여 얻은 인간의 지혜가 만들어준 웃음이었습니다.

나는 일어섰습니다. 종말감이 주던 불안도 절망도 없었습니다. 그제야 골짜기를 따라 자꾸 내려가면 인가가 있으리라는 평범한 상식의 생각이 들었습니다. 일상의 평범한 상식인데도 그림자를 이해하기 전에는 미처 머리에 떠오르지 않았었습니다.

길을 잃고 방황하던 몇 시간 동안 나는 지옥을 실감할 수 있었습니다. 정말 짧은 시간에 너무나 많은 시련이었습니다.

골짜기를 따라 내려 걷는 나의 발길 앞엔 석양이 그려 주는 긴 그림자가 나타나 나를 인도하고 있었습니다. 만신창이가 된 육신은 기갈도 느끼지 못한 채 그림자를 따라, 그림자를 밟으며 무작정 골짜기를 따라 내려 걸었습니다.

무아경 속에서 한참을 걷다 보니 시냇물 소리가 들렸습니다. 엎드려 물을 마셨습니다. 갈증이 해소되었습니다. 다시 걸었습니다. 개울이 시작되었습니다. 개울을 따라 한참을 내려가니 심적深寂으로 오르는 골짜기가 보이고, 좀 더 내려가니 심적에서 흘러내리는 개울을 만날 수 있었습니다.

잊어버린 고향, 잃어버린 사람들을 만난 것처럼 반가웠습니다. 난 심적에서 흘러내리는 물에 얼굴을 담그면서 반가움을 표했습니다. 목욕을 하고 토굴을 향해 골짜기로 들어서니 해는 이미 사라지고 노을이 아름다웠습니다. 잘 자리를 찾아 돌아가는 산새들의 지저귐이 나의 발길을 재촉했습니다.

토굴에 돌아오니 어둠이 깔려 있었습니다. 밤이 되어 그림자를 잃어버린 나는 불안하고 답답하고 또 고독했습니다. 나는 얼른 방으로 들어가 초에 불을 밝혔습니다.

그림자는 틀림없이 드리워졌습니다. 촛불 앞에 가까이 서니 균형均衡 없는 그림자가 나의 뒤에 그려졌습니다. 적당한 간격을 두고 앉으니 그림자는 나를 균형 있게 그려 주었습니다. 나는 만족하여 평정한 그림자를 바라보면서 웃었습니다. 그러다가 갑자기 생각되는 바 있어 바랑을 열고 초를 모두 꺼내어 열 개의 초에 불을 붙여 세웠습니다.

하나의 촛불 앞에 서니 하나의 그림자가 생겼고 열 개의 촛불 앞에 서니 열 개의 그림자가 생겼습니다. 그런데 이 열 개의 그림자는 하나와 똑같이 행동했습니다. 이것이 바로 완성된 인간(成人)의 상징이었습니다.

그러나 한 개의 촛불 앞에 열 사람이 서면 열 개의 그림자가 생길 것입니다. 하지만 이 그림자들은 절대로 같지 않습니다. 이 제멋대로 놀아나는 열 개의 그림자가 바로 고뇌와 모순과 혼돈 속에서 헤매는 미완성된 현대인의 표상입니다. 전자열 개의 촛불 앞에 한 사람이 섬는 조화된 지혜를 의미하고 후자한 개의 촛불 앞에 열 사람이 섬는 모순된 지혜를 내포합니다.

나는 열 개의 촛불이 그려 주는 열 개의 그림자를 하나하나 바라보면서 의미 있는 웃음과 내용 있는 침묵을 되씹었습니다. 밤이 깊어감에 따라 열 개의 그림자는 하나의 그림자로 모아졌고, 그로부터 날이 감에 따라 눈으로 그림자를 직접 보지 않아도 내 마음의 그림자는 이미 내 안에 자리를 차지하였습니다.

나는 틀림없이 그림자를 찾았습니다. 그림자를 찾은 나는 불안하지도 않고 고독하지도 않았습니다. 언제나 그림자는 나를 곁따르면서 지켜보고 있습니다. 배반할 줄도 모르고 속일 줄도 모르면서 충실히 나를 그려냅니다. 이 그림자가 바로 나의 본래의 의미이며 내용입니다.

나의 진실한 양심이란 신의 율법도 아니고 인간의 윤리도덕도 아니고, 대지 위에 본향本鄕을 둔 그림자의 율법임을 자각해야 했습니다.

그림자를 찾기 전 나의 모든 비인간적인 일체의 행위를 나는 그림자에게 진지하게 참회하고 속죄하면서 이제 그림자의 율법에 충실하기로 했습니다. 그런데 그림자의 율법에 충실하기 위해서는 그림자를 사랑해야 했습니다. 사랑이란 처음부터 끝까지 주는 것이며 준다는 것은 나를 잊었을 때(無我) 비로소 가능한 것입니다.

나는 그림자는 이해했으나 그림자를 완전히 사랑하지 못하고 있습니다. 그림자를 사랑하자면 무엇보다도 그림자에 충실해야 합니다. 그림자에 충실하기 위해서는 그림자에 부끄럽지 않도록 행동해야 합니다. 그것은 나를 잊고 행동하는 것입니다. 고난이 닥쳐올 때마다 그림자를 의식하면서 그림자가 기뻐하도록 나는 행동해야 합니다. 그림자는 언제나 땅 위에서 나와 행동을 같이하면서 기쁨을 그리게 해달라고 애원하고 있습니다.

행동하는 나의 그림자는 오직 나만이 의식하기에 나만의 것입니다. 나만의 그림자는 마지막으로 나와 함께 소멸하지만 나만의 그림자의 그림자(業) 삼업三業 즉 신구의身口意의 줄임말는 다음의 나를 위해 영원히 이 세상에 존재할 것입니다.

지허당, 이해가 안 되지요? 무당이 주문을 외우는 것 같지요? 그러나 나의 그림자와 나는 이해를 바랄 만큼 어리석진 않습니다. 언어의 미흡과 불충분을 이미 알고 있으니까요. 그러나 좀 더 부언하겠습니다.

나는 지금까지 그림자는 이해했으나 그림자를 완전히 사랑하지 못하고 있습니다. 처음, 백 일을 목표로 해서 들어온 이곳에서 빠져나가지 못하고 벌써 삼 년을 보냈습니다. 그림자를 이해하면서부터 나는 그림자를 사랑하기 위해 노력했습니다.

백 일간을 위해 마련해 가지고 온 주부식主副食이 떨어지자 이 산골에서 먹을 것을 찾아야 했습니다. 이곳에서 찾은 그림자를 이해만 하고 사랑하질 못한 채 떠나고 싶지 않아서였습니다.

해가 바뀌자 그림자를 사랑할 수 있다는 자신감이 생겼습니다. 나를 잊어버리고 나의 모든 것을 모든 사람에게 아낌없이 줄 수 있다는 자신감을 안고 토굴을 훌훌히 떠났습니다.

그러나 황지黃池에 도착하여 버스정류소에 닿았을 때, 나는 또 다시 무서운 혼돈 속에 빠져 그림자의 힐책을 면치 못했습니다. 버스마다 앞에 붙인 행선지는 사방을 가리키고 있었습니다. 북으로 삼척三陟, 동으로 울진蔚珍, 남으로 영월寧越, 서로 정선旌善을 향한 버스 중 어느 것을 타야할지 몰라 망설이고 있었기 때문입니다. 나는 토굴을 향해 되돌아섰습니다. 그림자를 이해했지만 그림자를 사랑하지 못하고 있음이 방향감각으로 증명되었기 때문입니다.

토굴 길에 오른 나는 무거운 발걸음을 뚜벅거리면서 무용無用의 용用을 해석해 보는가 하면 무하유無何有의 향鄉을 그려 보기도 하다가, '범소유상 개시허망 약견제상비상 즉견여래凡所有相皆是虛妄 若見諸相非相 卽見如來 형상이 있든 없든 이세간사는 그 모두 실이 없어 허망하니라. 만약에 모든 상이 상이 아님을 알게 되면 그 즉시 여래보리라'라는 『금강경』 사구게四句偈와 '제법종본래 상자적멸상 불자행도이 내세득작불諸法從本來 常自寂滅相 佛子行道已 來世得作佛 모든 법은 본래로 쫓아오면서 어느 때나 스스로 적멸상이니 불자가 진실한 길 모두 행하면 오는 세상 기어이 성불하리라'이라는 『법화경法華經』 사구게를 음미하다가, 끝내는 토굴을 떠나온 아침의 나를 코웃음으로 돌리면서 걸음을 빨리했습니다. 그림자를 이해하고 사랑할 수 있다는 상相 모습, 모양, 형상, 상태 등, 인식주관이 대상에 부여한 가치나 감정. 사상四相-아상, 인상, 중생상, 수자상이 있었던 나에겐 토굴로 되돌아가는 것이 당연한 귀추일 뿐이었습니다.

아상, 인상, 중생상, 수자상 즉비보살我相, 人相, 衆生相, 壽者相, 卽非菩薩이라는 부처님의 경구經句 아상, 인상, 중생상, 수자상이 있으면 보살이 아니다 이전에 공리空理를 넘어선 주어진 진리이니까요.

토굴에 돌아온 나는 내가 찾은 그림자의 율법마저 무용無用으로 돌리고 그림자를 사랑하련다는 의식마저 망각한 채 생활하기로 했습니다. 그러나 해가 바뀌고 나서도 나는 이곳을 떠나지 못하고, 지허당이 보고 느낀 그대로 나는 여기 이렇게 앉아 있을 뿐입니다……"

석우당의 긴 말끝은 흐려지면서 일말의 비애가 역력히 흐르고 있었다. 어두운 밤이라 그의 표정을 읽어볼 수 없는 게 한이었다.

미완성인 채 완성을 지향하는 인간이 겪어야 하는 이 무서운 수난의 피맺힌 과정을 체감하지 못하고 경청하고 있는 나로서는 석우당을 위해 어떤 행위도 언질도 줄 수 없었다. 다만 그와 더불어 조용히 침묵할 수밖에 없었다. 나의 최선을 다한 언행일치라도 그는 오래 전에 경험하여 이미 군더더기로 외면해 버린 것에 지나지 못할 터이니 말이다.

인간이 고뇌에서 해방되는 것은 엉뚱한 기연機緣 중생의 소질이나 능력이 부처님의 가르침을 받을만한 조건이 되는 것. 여기서는 깨달음의 계기 때문이다. 잡다하고 평범하여 무심히 대하는 제諸 현상 가운데서 어느 하나가 기연이 되어 한 인간을 무심코 해탈시켜 준다. 불타는 효성曉星에 기연하여 대각

大覺에 이르렀고, 원효대사元曉大師는 촉수髑髏에, 서산대사西山大師는 계명鷄鳴에 기연하여 견성見性했다고 한다.

그러나 인간을 해탈시키는 그 기연이 기적처럼 오는 것은 아니다. 고뇌의 절망적인 상황에 이르러도 끝내 좌절하지 않고 그 고뇌를 계속할 때 비로소 기연을 체득하여 해탈하는 것이다. 극한적인 고뇌의 절망적인 상황은 틀림없는 평안이다. 왜냐하면 극악한 고뇌의 절망적인 상황은 결코 두 번 오지 않기 때문이다. 마치 죽음을 이긴 사람에게 다시 죽음이 문제가 되지 않는 것과 같다. 죽음은 두 번 오지 않으니까.

석우당은 그림자를 기연하여 고뇌로부터 해방되었음을 나에게 알려 주었다. 그러나 나는 그림자를 붙들고 아무리 발버둥 쳐 보았자 그림자가 나의 해탈을 위한 기연은 되지 못할 뿐이다. 그러니까 그의 그림자에 대한 성성한 체험담이 나에게는 무당의 주문이나 광인의 눌변처럼 들릴 수도 있다. 그림자는 오직 석우당의 자기해탈을 위한 기연이었으니까. 불타의 효성처럼……

인간에게는 누구나 해탈의 가능성이 열려 있다. 부처님은 심시명경설心是明鏡說 마음은 거울과 같다는 뜻로 이를 가르치고 있다. 그러나 해탈하지 못하는 소이는 어떤 사람에게는 인因만이 있고, 또 어떤 사람에게는 연緣만 있기 때문이다. 인과 연은 동시에 있어야 한다. 그런 인과 연은 찾아오는 게 아니라 찾아야 할 뿐이다. 그 외롭고 가증스러운 고뇌 속에서 절망하지 말고 그 가운데서 찾아야 할 뿐이다.

진실로 고뇌하는 동안 기연¦과연은 오는 것이다. 아무튼 나는 고뇌에 얽매일 뿐이지 고뇌에 죽임을 당하지는 못하고 있었다.

"지허당, 지금 저 밖에서 불어대는 봄바람 소리보다 무가치한 나의 군말들 때문에 짙은 어둠만 방으로 끌어들였구려. 자, 이제 쉬도록 합시다. 지허당 무릎의 상처가 나를 무척 욕했을 겁니다."

자리에 누워 다리를 뻗으니 까마득히 잊어버린 지난날의 비극처럼 무릎의 상처가 통증을 알리면서 괴롭혔다. 석우당은 여전히 코를 골면서, 나는 그림자를 망각한 채 이렇게 푹 쉬노라고 나에게 알려 왔다. 진실로 그의 어김없는 비동성鼻動聲은 날이 갈수록 나의 선망의 대상이 되어 갔다. 나의 안은 그다지도 분망奔忙했기에.

정신과 육체

우리는 육신을 어떠한 사실로 규정해야 옳을까요.
육신은 과연 물질인가, 본성인가?
감성의 눈으로 볼 때 육신이란 세계의 부분적인 물질현상으로 보고,
지성의 눈으로 볼 때에는 필연적인 인과법칙이거나
질서정연한 우주로서의 본체적인 존재로 보기도 합니다.
어찌 보면 육신은 부분적인 물질이기도 하고
일관된 본질이기도 합니다.

심적深寂에 춘기가 감돌았다. 봄은 흔히들 버드나무 가지에서 트는 눈(芽)과 함께 온다고 한다. 샘물 곁에 서 있는 비틀어지고 꼬인 실버들가지가 봄을 알려 왔다. 함박산이 다하는 저 멀리 황지 고을에는 벌써 춘경春耕이 끝나고 파종의 끝을 알리지만 이곳 심적은 아직도 설옹성雪甕城이 그늘진 벼랑마다 군건히 도사리고 있었다.

그러나 청명清明이 지나고 곡우穀雨가 가까워지자 심적에도 봄기운이 완연했다. 양지쪽의 눈은 자취를 감추고 음지쪽의 눈도 이제 반점을 보이면서 설옹성의 괴멸을 알려 왔다.

청명이 지나자 봄비가 내렸다. 청명까지만 해도 진눈깨비였는데 청명을 고비로 심적에도 완전히 설족雪族은 물러갔다.

우리는 자장가처럼 푸근한 봄비 소리를 들으면서 꿀밤을 깠다. 밤이 짧아지고 낮이 길어졌으니 꿀밤을 까느라 밤 시간을 줄일 수가 없었기에 비 오는 날은 왼종일 꿀밤을 까기에 시간을 주어야 했다.

봄비가 간단없이 사흘째 계속되는 날 오후에 꿀밤을 까던 내가 우리 두 사람 사이에 흐르는 침묵을 깨뜨렸다.

"비가 멎으면 봄 씨앗을 뿌려야겠는데 손질된 땅은 마당 앞의 채전菜田뿐인가요?"

"그것뿐이지요."

"토굴 뒤를 넘으면 꽤 넓은 평지가 있는데 그걸 개간해 씨앗을 주면 좋겠던데요?"

"글쎄요."

"씨앗은 준비된 게 있나요?"

"씨앗이라곤 고작 가을무밖엔 없지요."

"그럼 씨앗을 구해야 하겠군요."

"글쎄요."

"농기구는 갖추어 있나요?"

"낡은 삽과 호미가 있지요."

"급선무가 농기구 구비군요?"

"글쎄요."

몇 번의 '글쎄요'가 나의 귀에 거슬렸다. 그가 발하는 '글쎄요'를 잘 따져 보면 그럴 필요가 있느냐는 반문이 나오기 때문이다.

"결국은 봄 씨앗을 뿌릴 필요가 없다는 거군요."

"그렇지는 않지요. 나는 세상사란 '필요·불필요'가 없는 것으로 알고 있으니까요."

"상대성 때문인가요?"

"아니지요, 다만 제법종연생諸法從緣生이면 제법종연멸諸法從緣滅 모든 법은 인연 따라 생겨나고 인연 따라 멸한다이라는 것 때문이지요."

"글쎄요."

이번에는 나의 입에서 '글쎄요'가 튀어나왔다. 그러나 나의 '글쎄요'는 석우당의 그것과는 의미와 내용이 판이했다. 그의 '글쎄요'는 부정적이었지만 나의 '글쎄요'는 긍정적이었다.

"지허당, 비가 멎으면 우린 산채를 채취하러 갈 수 있잖아요, 여긴 산채山菜가 많아요."

"산채는 산채대로의 맛이 있고 재배채소는 그것대로의 맛이 있잖아요?"

"미각味覺을 충족시키려면 시장에 가면 되지요. 육근六根 안이비설신의眼耳鼻舌身意· 근根은 기관, 기능을 뜻함이나 육식六識 육근으로 육경六境-대상 색성향미촉법色聲香味觸法-을 식별하여 육식六識이 됨. 여섯 가지 마음작용을 빌려 말하기 전에 미각은 곧 욕망입니다. 이제까지의 세상에서 인간의 욕망이 충족된 시간이 있었으며, 또 충족된 인간이 있었을까요?"

"……"

"지허당, 여긴 토굴입니다. 비록 욕망을 완전히 탈피하진 못하더라도 적어도 외면만이라도 해보려고 우리 스스로가 울타리를 쳤습니다. 욕망이 싫어서가 아니라 너무 좋아서였습니다."

나는 어리둥절해졌다.

선가禪家에는 조주화상趙州和尙 중국 당나리 선종의 스님, 778 - 897의 무자 화두無字話頭가 전래한다. 조주화상에게 어느 수좌가 "개도 불성佛性이 있느냐"고 묻자, "없다!"라고 답했다. 또 다른 수좌가 같은 질문을 하자, "있다!"라고 답했다고 전한다.

이 선가의 문답은 신비에 가까운 선도리禪道理의 오묘함을 알리는 극치다. 언묵言默을 초월하여 존재한다는 도를 언어를 빌려 표준의 상대성인 유무有無로서 답을 요리했다는 점은 흥미진진한 바 있다.

그런데 석우당도 모순으로서 자기 의사를 알리고 있었다. 토굴생활은 욕망이 싫어서가 아니라 너무 '좋아서다'라는 것은 칼을 내리치면서 내리치는 게 아니라 칼을 칼집에 꽂으려 한다고 말하는 것과 같았다.

나는 석우당의 모순성을 공박했다.

"아생연후我生然後에 만사재기중萬事在其中이란 말은 틀림없이 석우당이 말한 것으로 기억합니다. 건전한 육체에 건전한 정신이 깃든다는 희랍의 명언은 인간실존의 한계상황을 달리는 극치입니다. 여기에서 문제되는 것은, '육체가 선先이냐, 정신이 선先이냐?' 하는 것입니다. 저 성리학性理學 중국 송대에 일어난 유학의 한 계통. 주자학이나 이학이라고도 함의 명제인 이기설理氣說 성리학에서 태극과 음양, 우주의 본체인 이理와 그 현상인 기氣을 인용하기 전에 나는 일찍이 폭우暴雨가 만든 격류에 휩쓸려 익사 직전에 구원을 외치는 살풍경殺風景을 강안江岸에서 보았습니다.

강안에는 쇠약한 철학자와 건강한 농부가 서 있었습니다. 철학자는 눈을 감은 채 철리哲理를 구사해서 익사자溺死者를 구할 방법을 합리적으로 따진 후 눈을 떴습니다. 철학자가 눈을 떴을 때, 익사 직전에서 단말마삶이 끊어질 때의 괴로움의 비명을 지르는 살풍경은 벌써 자기 앞의 풍경이 아니라 저 아래쪽의 풍경이 되어 있었습니다. 이때 철학자는 결국 철리를 만지작거리며 체념이라는 감정을 가질 뿐입니다.

그러나 건강한 농부는 모든 공리적인 타산 이전에 익사자의 비명을 자기 비명으로 느끼자마자 격류 속으로 뛰어들 뿐입니다. 당랑거철螳螂拒轍 사마귀가 앞발을 들어 수레를 막는다는 뜻. 제 분수를 모르고 강한 적에 반항하여 덤벼 듦이니 만용蠻勇이니를 뇌까리는 철학자의 합리적인 사변쯤은 아랑곳하지도 않은 채, 격류에 뛰어든 이 건강한 농부는 철학자의 뇌까림대로이겠습니까, 아니면 타인의 불행을 자기 불행으로 체감하고 불행에 우는 자기 자신을 구하듯이 모든 타산을 떠나 인간의 불행을 구하려는 인간 본연의 측은지심惻隱之心 사단四端의 하나. 불쌍히 여기는 마음의 소행이었겠습니까?

여기에서 문제되는 것은 동기, 행위, 결과에 있어서 과정인 행위라는 것입니다.

만약 철학자가 쇠약하지 않고 건강했더라면 건강한 농부보다 먼저 격류에 뛰어들었을 것입니다. 만일 그가 행위는 결과에 선행하는 과정이라는 것을 통찰한 진정한 철학자였더라면 말입니다. 행위의 필요조건은 동기

이전에 육체적인 건강임을 부인할 수는 없습니다.

　비료의 3요소가 충분한 식물과 일부를 결한 식물과 전체를 결한 식물의 차이점을 설명하기 위해, 앞의 세 가지동기, 행위-과정, 결과를 매거枚擧하나하나 들어서 말함하여 예증할 필요성은 없다고 사료되옵니다. 왜냐하면 석우당은 숲 속에 싸인 이 토굴에서만도 3년을 지내셨다니까요."

　"지허당, 우리는 육신肉身을 어떠한 사실로 규정해야 옳을까요. 육신은 과연 물질인가, 본성인가? 감성의 눈으로 볼 때 육신이란 세계의 부분적인 물질현상으로 보고, 지성의 눈으로 볼 때에는 필연적인 인과법칙이거나 질서정연한 우주로서의 본체적인 존재로 보기도 합니다. 보기에 따라 어찌 보면 육신은 부분적인 물질이기도 하고 일관된 본질이기도 합니다.

　잡다雜多한 현상이기도 하고 통일된 우주이기도 합니다. 불완전한 현상을 노정하면서도 본연한 성질을 가지고 있는 세계이기도 합니다. 육신을 사물화事物化한 물질에서 보면 함구맹목緘口盲目 입 다물고 눈감음. 사리분별에 어두움한 정적靜寂 같기도 하나 스스로 동動하고 있는 본성에서 볼 때엔 일시도 정지할 줄을 모르는 다이나믹한 활물活物 같기도 합니다.

　현대물리학을 빌려 말하자면 육신은 물질이 아니고 에너지라고 합니다. 에너지는 이미 '물적 현상物的現象'을 지나간 '힘의 현상'입니다. 그래서 육신은 물질에서 찾아볼 수 있는 것이 아니고, 정신적인 활동력에서 찾아볼 수 있는 것이라고 합니다. 육신을 얼핏 바라보면 물질의 세계 같기도 하나 좀 더 진지하게 본질적으로 들여다보면 정신의 움직임이라고 느낄 수도 있습니다.

그러나 육신은 안으로나 밖으로나 대자對自 철학에서 다른 것과의 관계에 의하여 자기를 자각하고 자기자신과 대립하는 일도 아니고 즉자卽自 철학에서 다른 것과 관계를 갖지 않고 그 자체로서 존재하고 있는 일. 논리전개의 가장 낮은 단계로 대립이 미발전인 채 잠재해 있는 것도 아닌 맹목적인 필연必然이기 때문에 끝끝내 주체의 대상인 객체의 세계에 불과한 것이지, 주체적인 정신일 수는 없습니다.

지허당, 오욕칠정五欲七情 1. 오욕-사람의 다섯 가지 욕망(色, 財, 名譽, 食, 睡眠)· 오진伍塵이라고도 함. 2. 칠정-사람의 일곱 가지 감정(喜怒哀樂愛惡欲)에 사로잡힌 감정의 눈으로서는 겉만을 볼 뿐이지 더욱 깊은 곳은 더듬을 수가 없으나, 법인法印 법은 부처님 가르침. 인은 특징, 특질, 징표를 뜻함. 합하여 부처님 가르침의 특징을 득得한 지성知性의 눈으로 볼 때에는 겉과 깊은 데는 하나이고, 보이는 세계는 안 보이는 세계의 한 부분이고, 안 보이는 세계는 여러 개의 보이는 부분적인 세계로 드러날 수 있는 것에 불과하다고 합시다.

그러나 그것이 아무리 고차원적인 높은 정신성을 제시한 것이라 할지라도 거기에는 객체와 주체 사이의 분간이 없어지고 육체와 정신 사이의 질적 차이가 소멸되어야 비로소 가능한 것입니다. 언제나 육체(自然)와 정신(神)을 통일하여 조화의 견지에서 세계를 보려 한 것이 자고로 일시돈석

之論的인 자연주의 사상이었습니다.

지허당, 신神을 갖지 못한 사람들은 육체와 정신은 결합하기 위해 대립하는 것이라고 관찰했습니다. 이것을 추구하여 논리적인 결론을 내린다면 육체와 정신은 상호 배척하는 것입니다. 그리고 양자가 다 같이 제약되는 곳에서도 이들은 또한 상호간에 제약합니다. 그러나 양자가 서로 제약하고 있는 바로 그때에, 즉 육체는 정신과 투쟁하고 정신은 육체에 대하여 그 권리를 주장하면서도 양자 중의 어느 하나가 상대방을 말살하지 않는 그때에 인간의 진테제(綜合)가 나타납니다.

이리하여 인간은 육체와 정신의 기능이 되면서 반대급부적反對給付的으로 육체와 정신은 인간의 기능이 되고 맙니다. 전후의 양 기능의 총화總和가 비로소 인간성을 이루는 것입니다."

"석우당도 육체와 정신의 대립은 인정하며 또 그 기능도 인정하는군요."

"내가 인정하기 전에 주어진 사실이며 또한 정해진 현실입니다."

"그렇다면 정신과 육체가 선후와 우열이란 대립을 끝내는 지양止揚할 수 있다고 봅니까?"

"그렇습니다. 지양이 끝나 화해할 수 있습니다. 나는 예증하기 위해 먼저 노자의 『도덕경』을 인용해 보겠습니다.

『도덕경』 42장에 '道生一 一生二 二生三 三生萬物'이라고 했습니다. 여기서 도는 일一을 낳는다는 것은 곧 노자의 도의 본체개념本體概念인

무無가 유有의 과정에 있음을 나타내는 것이며, 그는 발전과정에서의 음과 양의 대립, 그리고 삼三이 대립의 극복克服으로 이루어지는 화和, 즉 조화調和로서 비로소 만물이 생성生成되는 것이라 했습니다. 삼三은 이二를 극복한 새로운 일一이 되며, 그리하여 '一生二, 二生三, 三生萬物'의 과정은 무한히 계속되고 이에 도의 '生生不已'하는 작용이 나타납니다. 이와 같이 노자는 만물 생성의 결정적인 계기를 조화에 두었습니다."

"……"

"다음에 서양의 두 철학자의 말을 빌려야 하겠습니다. 칸트의 순수이성純粹理性에는 화해할 수 없는 여러 개의 이율배반이 있으며 이 하나하나는 경험적으로 볼 때는 옳으나 상호간에 대립하고 있는 두 개의 명제로서 구성되어 있다면서 이율배반적二律背叛的인 명제들의 대립은 경험적 탐구에 의해서는 해결할 수 없다고 했습니다.

이에 대하여 헤겔은 세상에는 화해할 수 없는 이율배반은 존재할 수 없고 오직 화해할 수 있는 모순, 즉 안티테제(反定立)만이 존재한다고 하면서 대립하는 관념들은 진테제(綜合)에서 화합한다고 말했습니다. 즉 부정은 부정되리라는 것입니다. 그래서 부정의 부정은 화해를 의미합니다. 나는 이 문제에 있어서만은 전자인 칸트보다 후자인 헤겔 쪽을 지지합니다."

"극히 변증법적辨證法的 헤겔 철학에서 유동 변화하는 현실을 동적으로 파악하여 그 모순·대립의 의의를 인정하려는 사고법 하나의 사물(定立)이 그 발전과정에서 스스로의 내부에 존재하는 모순으로 말미암아 자신을 부정하는 것(反定立)이 생기고, 다시 이 모순을 스스로 지양止揚함으로써 보다 높은 새로운 것(綜合)에로 발전한다는 논리이군요."

"인간성을 논리적으로 구명해 보고자 할 때 변증법적 해석이 어떤 비유보다도 수월했기 때문입니다. 피상적으로 본 불교는 극히 유물론적唯物論的 영혼이나 정신 따위의 실재實在를 부정하고 우주만물의 궁극적 실재는 물질이라고 보는 이론이어서 가끔 변증법을 필요로 하는 경우가 많습니다. 변증법은 끊임없는 투쟁, 끊임없는 변화 속에 있는 현실 속 대승불교의 일법인一法印인 제법실상諸法實相 모든 현상의 있는 그대로의 참모습. 대립이나 차별을 떠난 그대로의 모습을 표상한 제개념諸槪念을 제공해 왔습니다.

그러는가 하면 변증법은 상대주의와 소승의 삼법인三法印인 제행무상諸行無常 의도하고 지향하는 모든 의식작용은 변화함. 무명에 의한 의지력·충동력·의욕은 변화함, 제법무아諸法無我 모든 현상에는 불변하는 실체가 없음와 열반적정涅槃寂靜 삼독심인 탐욕과 노여움과 어리석음이 소멸된 안온한 마음상태의 명확한 본질과 영원한 것은 하나도 없다는 인식을 설명하면서 인간의 창조적 성과를 강조했습니다.

물론 현실적인 것은 모두 합리적이라고 말한 헤겔류의 안이한 사고방식을 외면한 내가 합리주의의 표상 같은 변증법을 빌려 논리를 전개해야만 한다는 무지와 모순이 주는 자가당착을 모르는 바는 아닙니다. 그렇지만 현재의 나로서는 어쩔 수 없어 이것저것을 끌어다가 나의 심지를 표현해 보느라 부심腐心했었습니다.『열반경』을 본 내가 언어의 편재偏在와 미흡을 탓하여 침묵하기 전에는 말입니다."

"결론적으로 육체가 필요로 하는 조건을 부인하지는 않으면서도 그 조건을 충족시킬 필요가 없다는 거군요. 승화된 정신성 때문인가요?"

"지허당, 울며 겨자를 먹어야 하는 것이 인간입니다. 필요성을 주장하면 이유가 되겠습니다만 약간의 토굴생활스스로 울타리를 친을 필요로 하는 것도 인간입니다. 최소한의 육체적인 조건에 응하면서 최대한의 정신적인 개발을 도모해 보려는 게 토굴생활입니다. 토굴생활 같은 것을 모르고 평생을 살아가는 평범한 인간이 되지 못했음을 탓해 보진 않았습니까?"

그렇다. 일체를 따지기 전에 왜 내가 토굴에 몸을 붙여야 하느냐가 문제일 뿐이었다. '운명일까? 운명은 아니다. 숙명일까? 숙명은 더더구나 아니다. 불타가 되기 위한 욕망 때문일까? 그렇지도 않다. 그렇다면 무엇 때문일까?······'

우리들 사이에 대화는 끊어졌다. 운명도 숙명도 아닌 토굴생활의 의미와 내용을 찾아보기 위해 나는 침묵할 수밖에 없었다.

가능성과 한계

나는 우상偶像처럼 앉아 있었다.
침묵할 수밖에 없었고 정지할 수밖에 없었다.
그는 나를 너무나 멀리 앞서고 있었다.
그가 오득悟得한 경지는 나의 능력 밖이며 그의 법열法悅은
나의 상상 밖이었다. 나는 다만 석우당에 미치기(及) 위해서
생사를 결단코 노력해야 할 뿐이었지 조급히 강요할 수는 없었다.
오직 의욕하고 행동하면서 기다릴 수밖에 없었다.
그가 말한 인간의 한계성과 가능성 때문에……;

봄이 깊어 가자 녹아내린 설수雪水가 출렁이는 계곡은 벽계수碧溪水가 진달래를 안아 선경仙境을 이루어 주었다. 우리는 매일 산에 올라 나물을 뜯었다. 고비·곰치·더덕·고사리를 비롯해 갖가지 산나물이 제각기 맛을 달리한 채 우리들의 구미口味를 돋우었다.

날로 먹기도 하고 삶아 먹기도 했다. 특히 더덕은 일품이어서 나물을 뜯다가 시장기가 들 때마다 손톱으로 껍질을 벗기고 먹었다. 더덕은 우리들에게 많은 활력을 주었다.

봄이 짙어갈수록 비는 오지 않았다. 가뭄을 만난 봄철은 나물을 제대로 키우질 못했다. 우리는 날이 갈수록 토굴에서 점점 멀리 나갔다. 꿀밤과 소금이 담긴 점심을 옆에 차고 함박산 너머까지 갔다. 나물은 우리들의 사철 부식副食이기도 했지만 또 소금과 신발을 얻게 해주는 유용한 상품이기도 했다. 토굴에 쌓이는 산나물은 매일 그 양을 더해 갔다.

아지랑이가 몹시 아른거리는 날이었다.

함박산을 넘어가서 나물을 뜯고 있자니 건너편 골짜기에서 여인들의 목소리가 꾀꼬리 소리처럼 낭랑히 들려왔다. 화난춘성和暖春盛하고 만화방창萬花方暢하기에 유산객遊山客들이 있음직한 계절인지라 짝을 지어 숲 사이를 다니는 여인네들을 유산객으로 알고, 봄을 즐기는 그들을 부러운 눈초리로 원경遠景을 바라보았다.

계절을 따라 자연을 즐길 줄 아는 그들의 여유 있는 생활과 감정이 아름다웠고 흡족하기까지 했다.

그러나 해가 비낄 때 그들을 유산객으로 선망했던 나는 쓰디쓴 인생고를 맛보아야 했다. 오판誤判이 던져 주는 가증스러운 비애였다.

해가 비끼고 나는 피로해지면서 나물 뜯는 손길이 차츰 느려질 때, 내 앞을 지나가는 그네들은 나를 더욱 피로케 만들어 주었다. 숲 속을 헤매던 그들은 상춘객이 아니라 기아飢餓에서 오는 공포에 쫓겨 산으로 올라왔던 누런 얼굴을 가진 산골 아낙네들이었다.

그들의 손에는 도시락 대신 싸리를 비틀어 만든 나물바구니가 들려 있었고, 바구니 안에는 가뭄에 제대로 자라지 못한 산나물이 들어 있었다. 얼핏 본 그들의 얼굴에서 창백한 피로와 격한 공복空腹을 읽어 버린 나는 차마 그들의 얼굴을 정면으로 바라볼 수 없었다.

나는 고개 숙인 채 무거운 마음을 달래면서 손발을 빨리 놀려 나물을 찾아 뜯었다. 산골 여인들이 골짜기를 내려가면서 서로를 찾아 부르고 대답하는 소리가 만가輓歌처럼 들려오자 오판이 던져 주는 자조의 비애가 토굴길에 오른 나의 발길을 한층 무겁게 했다.

곡우穀雨 다음 날, 더덕·고비·곰치·고사리를 한 짐씩 짊어진 우리는 효성曉星을 바라보면서 토굴을 나서 황지黃池로 향했다. 계춘季春 늦봄. 만춘

晩春· 음력 3월의 다른 이름인데도 심산深山의 새벽길은 겨울 길을 걷는 것과 같았다.

　황지에 도착하니 이른 아침이었다. 시장에 들어서니 된장국 냄새가 나를 몹시 괴롭혔다. 창자가 뒤집히면서 구역질이 일어났다. 된장국 냄새가 물씬 풍겨 나오는 집으로 뛰어 들어가 한 그릇 얻어먹고 싶은 생각이 간절했다. 온갖 진수성찬이 갖추어진 시장 안에 몸을 둔 나에게서 발동한 식욕 중에 가장 절실하고 우선적인 것이 바로 된장국이었다.

　나는 몇 번이고 군침을 넘기고 입맛을 다시면서 석우당을 살펴보았다. 석우당은 더덕을 씹고 있었다. 나는 몇 번이고 고개를 끄덕이면서 더덕한 뿌리를 꺼내어 씹었다. 씁쓸하고 달콤한 날더덕을 씹으면서 된장국 냄새가 뒤집어 놓은 창자를 바로잡던 나는 '역시 송충이는 솔잎을 먹어야만 되는구나!' 하고 몇 번이고 중얼거렸다. 잠시 후 우리들의 등에는 산나물 대신 소금이 얹혀졌고 칡으로 얽어 신었던 찢어진 고무신 대신 새까만 새 고무신이 신겨졌다.

　다시 발길은 토굴로 돌려졌다. 귀로歸路는 시장하고 고달팠다. 황지 고을이 보이지 않는 계곡에 이르자 우리는 물을 마시고 토굴에서 꾸려 온 꿀밤을 먹었다. 꿀밤으로 주린 창자를 달래니 시장에서 느꼈던 잔혹한 된장국의 묘미妙味가 씻은 듯이 사라졌다.

　"석우당, 시장에서 된장국 냄새 때문에 창자를 다스리느라 혼났습니다.

미각의 간사함이란 무서운 것이더군요."

"나도 일찍이 경험했었습니다. 인간 조건인 한계성과 가능성 때문이지요."

"석우당, 인간의 한계성과 가능성이란 도대체 무엇인데요?"

"지허당, 실존해야만 하는 인간의 사항 내에서 인간 조건을 가늠해 보기로 합시다.

인간의 한계성이란? 인간의 동물적인 조건인 필연성을 가진 죽음과 필수성을 가진 섭취와 배설, 즉 동물적인 존재가 거부하지 못하는 육체적인 당위성을 말합니다.

'인생칠십고래희人生七十古來稀'라는 동양 격언이 말해 주듯 인간은 고작해야 칠십을 전후로 죽어 갑니다. 성인 중의 성인聖中聖이라 했던 석가부처님도, 단명했던 예수도, 명대로 살았던 공자도 결국 이 범주範疇를 벗어나진 못했습니다.

그리고 살아 있는 한 하루 세 끼의 밥은 먹어야 합니다. 석가나 예수도 그들의 식생활이 간소화했을 뿐이지 완전히 거부해 버리지는 못했습니다. 약간의 단식은 했을망정 일평생 단식은 못했습니다. 따라서 살아 있는 한 먹어야 하고 죽음은 피할 수 없는 것, 이것이 인간의 한계성입니다.

인간의 가능성이란? 인간의 인간적인 조건 즉 인간은 인간으로 출발해서 인간으로 끝난다는 정신적인 당위성을 말합니다.

사死의 존재인 인간을 거부하고, 영원의 존재라는 신神이 되기 위해 아무리 몸부림을 치고 발버둥을 쳐도 무無에서 유有를 창조하고 생사를 주관하는 신神은 되지 못하는 것이 바로 인간입니다.

인간은 하늘에서 떨어지지도 않았고, 땅에서 솟아나지도 않았습니다. 반드시 여인의 산고産苦를 거쳐 여인에게서 태어났습니다. 석가나 공자나 예수도 예외일 수는 없습니다.

경전經典을 그대로 믿는다 해도 그들은 다만 태어날 때 약간 비범했을 뿐이지, 역시 인간인 여인의 몸에서 태어났습니다. 인간의 지능이 발달할 때까지의 전 과정을 그들은 인간과 똑같이 밟았습니다.

석가 부처님은 태어날 때 '천상천하유아독존天上天下唯我獨尊'을 외쳤다 하지만 유아시절부터 인간을 제도濟度하진 못했습니다. 동정녀童貞女 마리아로부터 태어났다는 예수도 마찬가지였습니다. 그는 서른이 되도록 나사렛의 목수로 지냈습니다.

인간이란 인간 이상인 신으로 상승上昇할 수도 없고, 인간 이하인 동물로 전락하지도 않습니다. 신과 동물 사이에서 세상에 복지福地를 건설하려는 존재는 처음부터 끝까지 오로지 인간일 뿐입니다. 이것이 인간의 가능성입니다."

"허무·불안·고독·절망을 현시하면서 자살만이 인간의 최대 비닉이라

외치면서 자살을 종용한 '쇼펜하우어'나 '니체'식의 인간관이군요."

"틀림없이 가능성과 한계성의 조건을 동시에 가진 인간 존재는 항상 허무하고 불안하고 고독하고 절망적입니다. 그래서 이러한 여러 극악한 상황들로부터 피하기 위한 출구를 자살로 선택한 인간들도 있었습니다.

그러나 대부분의 인간들은 자살에 매력을 느끼면서도 자살을 결행하지 않고 살아가고 있습니다. 순종도 자살도 아닌 항거와 반항 혹은 동물적인 체념으로써 살아갑니다.

그래서 자살을 거부했다면 그때 인간의 의지를 어디다 두어야 하느냐가 문제입니다. 이 비참한 '상황악'들이 주는 인간 실존에 '노예가 되느냐 주인이 되느냐, 순종하느냐 반항하느냐'가 '세상을 지옥으로 만드느냐, 천국으로 만드느냐'의 관건일 뿐입니다."

"가능성과 한계성들을 가진 인간 실존이란 순종해도 반항해도 양자 마찬가지로 비참하기만 하겠는데요?"

"그러니까 한계성과 가능성의 인간 조건을 이해하고 사랑해야 할 뿐입니다. 천국과 지옥은 이 세상에 존재합니다. 세상은 인간의 조건을 환영하지도 않습니다. 다만 인간이 한계성과 가능성을 이해하고 사랑하면서 세상에 천국을 건설해야 할 뿐입니다."

"퍽 많은 생각을 요하는 명제命題군요."

"명제가 아니라 현실입니다. 그리고 문제입니다. 인간학적으로, 그리고 실존적實存的으로 인간 조건을 파헤쳐 봅시다. 누가 뭐래도 잡다한 수식修飾을 불식하고 요약해서 말한다면 '인간은 처음부터 끝까지 인간'일 뿐입니다.

동물들과 싸우면서 생生을 유지해 가던 아득한 원시인들도, 신神을 섬기는 경건한 관념에 사로잡혔던 중세기中世紀의 인간도, 무한히 복잡한 제약과 조건을 설정하고 스스로 몸부림치는 현대인들도, 여전히 인간의 한계성과 가능성을 그대로 지니고 있습니다.

그동안의 변화는 경이적이며, 이런 발전과 향상을 상대적으로 살핀다면 도저히 동일성同一性을 찾아볼 수 없음에도 불구하고 인간은 역시 인간일 뿐입니다. 인간은 언제나 인간이라는 점에서 통일성과 공통성을 지니고 있습니다."

"석우당, 하지만 인간이라는 보편성으로 본다면 머리에서 발끝까지 공통점을 지닌다 하더라도 특수성으로 본다면 '갑'과 '을'이라는 인간은 도저히 공통점을 찾을 수 없지 않을까요? 기계제품이 아닌 인간이 갖는 환경과 처지가 평등하지 않으면 말입니다."

"본래부터 인간의 가능성과 한계성은 부단한 투쟁을 계속해 왔습니다. 영靈과 육肉의 대립, 이성과 본능의 상반, 영원에의 기대와 시간적인 소멸, 공간의 무한성에 대하는 개체아個體我의 유한성, 행복을 추구하는 불행의 과정, 전쟁을 증오하는 전장에 선 병사, 꿈속이 꿈과 꿈 깨인 꿈의 모든 것이 인간의 실상實相이어서 상반, 대립, 모순, 부조리, 무분별을 현시顯示하면서 가능성인 인간의 상부구조와 한계성인 인간의 하부구조는 끊임없이 싸우고 있습니다.

지허당, 그런가 하면 인간은 한계성인 현실과 가능성인 이상의 양면적인 존재입니다. 한계성 속에서 가능성을 찾으며 가능성 속에서 한계성을 의식하게 됩니다.

현실과 이상이란 대립과 상반을 일으키고 있는 자아自我 내의 양면성인 한계성과 가능성이란 한계의 두 가지 요소에 불과합니다.

새벽에 한계성에 절망한 사람이 황혼엔 가능성을 소망하게 되고, 오늘 가능성을 소망한 사람이 내일은 가능성을 위해 의욕적인 행동을 보여주는 게 인간이었습니다. 한계성 속에 가능성이 깃들이고 가능성의 안내를 받아 한계성은 보행하고 있습니다.

누가 뭐래도 인간은 요정신적要精神的인 가능성과 요육체적要肉體的인 한계성이라는 두 가지의 절대적인 구원성救援性을 이해하고 사랑해야 합니다. 가능성은 인간의 역사적인 영원한 주체성의 의문이어야 하며, 한계성은 인간의 시대적인 객체성이 해답이어야 합니다.

전자(가능성)가 없이는 인간다운 인간이 아니며, 후자(한계성)가 없이는 인간의 존재가 불가능해지기 때문입니다. 이념 없는 현실은 맹목이며 현실 없는 이념은 공허할 뿐입니다.

인간의 가능성(정신)이 사치스러울 때, 그 가능성은 비참할 뿐입니다. 한계성을 가능성으로 부정하고, 가능성을 한계성으로 부정하면서, 끝내 한계성을 이해하고 가능성을 사랑하게 될 때, 인간은 비로소 인간적일 수 있습니다.

인간의 완성이란 한계성과 가능성의 타협이 아니라 조화여야 합니다. 타협은 일시적이지만 조화는 영원한 것입니다. 죽음은 악이요, 동시에 삶의 의미요. 가능성은 인간의 내용입니다. 이 어찌 이해하고 사랑하지 않을 수 있겠습니까? 지허당!"

나는 목석처럼 앉아 있었다. 침묵할 수밖에 없었고 정지할 수밖에 없었다. 그는 나를 너무나 멀리 앞서고 있었다. 그가 오득悟得한 경지는 나의 능력 밖이며 그의 법열法悅은 나의 상상 밖이었다. 나는 다만 석우당에 미치기(及)위해서 생사를 결단하고 노력해야 할 뿐이었지 조급히 그의 철학을 강요할 수는 없었다. 오직 의욕하고 행동하면서 기다릴 수밖에 없었다. 그가 말한 인간의 한계성과 가능성 때문에.

심적深寂의 봄은 늦게 왔지만 여름은 빨리 왔다.
우리는 매일 산에 올라 약초藥草 채취에 낮의 시간을 주었다. 여름철이라 해묵은 산당귀나 산나물을 찾아 헤맸다. 산삼山蔘이 자란다는 함박산이라 산삼을 찾아보기도 했지만 헛수고였다. 그런 횡재는 우리들의 분수 밖이었는지도 모른다.

초하初夏의 심산深山은 발랄한 생기가 가득 차 있었다. 분발하는 생명체의 배기排氣와 작열하는 태양열과 훈발薰發하는 지열은 산하를 초록 일색으로 채색했다. 우리들의 약초 채취藥草採取 길은 날이 갈수록 멀어져 갔다.

그러나 채취량採取量은 언제나 비슷했다. 가까운 곳에서 샅샅이 찾는 것과 먼 곳을 왕복하면서 얼핏설핏 찾는 것은 결과적으로 수량은 비슷함을 알려 주었으나 피로는 배가倍加됨을 느끼게 해 주었다.

그러나 우리는 매일매일 더 멀리 나가지 않을 수 없었다. 가까운 곳은 온종일 헤매 보아야 우리들의 발자취밖에 찾을 수 없었으니까.

그러던 어느 날 함박산 너머 태백산정太白山頂에 위치한 만경대萬景臺가 바라보이는 골짜기까지 나가 약초를 찾다가 비를 만났었다. 처음엔 우중충한 날씨가 보슬비를 보여 주면서 차츰 흑운黑雲을 몰아 왔다.

우리는 하늘을 가려 주는 너럭바위 밑에서 이슬비를 피해 꿀밤을 먹었다. 꿀밤은 반드시 물을 먹으면서 먹어야 하는데 비 때문에 개울가에 앉지 못해 꿀밤가루를 그대로 먹었다.

편식偏食은 확실히 혼식混食보다 정신을 맑게 해주나 식사 시 절도를 필요로 했다. 편식이니만치 편식이 요구하는 조건을 충족시켜야만 했다.

그렇지 않으면 위胃가 신트림을 맛보이면서 신체의 고장을 알려오기 마련이었다. 꿀밤으로 허기를 달랜 우리는 약초 채취를 그만두고 이슬비를 맞으면서 토굴을 향해 돌아섰다.

함박산을 오를 때 먹장구름이 몰려오면서 천둥과 번개가 소리와 빛으로 다툼질을 하더니 비는 폭우로 변하였다. 우리는 걸음을 빨리 했다. 비가 세차게 내릴수록 우리들의 걸음발도 빨라졌다.

함박산을 넘어 우리들의 토굴이 있는 구릉을 따라 내려 달릴 때 앞서 달리던 석우당이 비실비실하더니 잎이 무성한 떡갈나무 밑에 기대어 섰다. 그러더니 곧 주저앉아 두 손으로 머리와 이마를 감싸 쥐었다.

"석우당, 몸이 불편한가요?"

"아, 속이 메스껍고 머리가 빠개지는 것 같군요."

나는 그의 안색을 살펴보았다. 전신에 경련이 일고 있는 그의 안색은 흑황색黑黃色으로 변해 있는데, 그 위로 빗물이 줄줄 흐르고 있었다.

나는 얼른 석우당의 채약다래끼와 나의 것을 떡갈나무에 걸어 두고 석우당을 끼고 걸었다. 처음 얼마간은 비틀거리며 걸었으나 종내는 두 발이 질질 끌렸다. 나는 웃옷을 벗어 석우당에게 뒤집어씌운 후 그를 업고 토굴을 향해 내달렸다.

비는 여전히 세차게 퍼부었다. 토굴에 당도하여 방 안에 눕히니 그의 사시는 여전히 경련하고 평상시의 평화롭고 조용했던 안색은 찾아볼 길 없었다.

나는 땅굴로 가 장삼을 꺼내 와서 석우당의 누더기를 벗기고 몸의 물기를 닦은 뒤 갈아입혔다. 부엌으로 나가 부리나케 불을 지펴놓고 방으로 들어와 석우당의 사지를 주물렀다. 사지를 주무르면서 그의 입술이 메말라 있음을 읽어낸 나는 따뜻한 물을 가져왔다.

상반신을 일으켜 안고 입을 벌리고 숟갈로 물을 떠 넣었다. 물은 잘 넘어갔다. 한 홉가량의 물을 먹인 후 다시 눕혔다. 나는 석우당을 몇 번이고 불러봤으나 대답이 없었다. 그는 정상적인 의식을 잃고 일종의 치매상태痴狀態에서 방황하고 있었다. 구들이 따뜻해지자 경련은 멎었지만 그 대신 사지가 축 늘어졌다. 그에게서 종말감終末感이 뼈저리게 느껴지면서 갑자기 공포와 불안이 한꺼번에 몰려왔다.

사고무친四顧無親을 지나 사고무연四顧無緣한 심산유곡에서 반라半裸의 빈사자瀕死者를 앞에 한 나의 눈동자는 행여나 약이 매달려 있을까 하고 곱게 바른 사방 벽을 훑어보고 있었다. 마치 익사 직전의 인간이 검불이라도 휘어잡으려 버둥거리는 것과 같았다. '토굴'은 석우당을 위하여 아무것도 할 수 없었다. 다만 아늑한 임종의 보금자리를 제공할 뿐이었다.

나는 석우당의 맥을 짚어 보았다. 맥이 힘없이 뛰고 있었다. 아직 종말은 아니었다. 바랑 안에 마지막 남은 가사袈裟를 꺼내어 석우당을 덮어 주고 밖으로 나가 빗속을 뚫고 황지를 향해 달렸다.

이것저것 따져볼 겨를이 없었다. 타산을 떠나고 공리空理를 외면한 채 무작정 달렸다. 빗속에서도 어둠이 깃들기 시작했다. 나는 거의 광인처럼 외치면서 달렸다.

'석우당, 당신이 말했던 인간의 가능성(정신)은 한계성(육체)의 종말인 운명 직전까지 열려 있소. 조금만 더 기다려 주오. 조금만 더!'

나의 말끝은 거의 울고 있었다.

가사자假死者를 토굴에 두고 달리는 나는 공포스럽고 불안했기에 뭔가를 계속해서 외쳐야 했다. 어둠이 깔린 심산은 마치 석우당이 누워 있는 토굴의 방안처럼 음산했기 때문이었다.

'석우당, 익사 직전의 인간이 검불을 휘어잡으려고 마지막까지 버둥거린대요. 결과는 차치해 두고 그 인간적인 몸부림이 가상치 않아요? 그 동물적인 한계성에 대하여 몸부림치는 인간적인 가능성이 말입니다. 조금만 더 기다려 주오, 조금만 더—'

완전히 어두워지면서부터 비는 멎었다. 폭우 때문에 개울물이 갑자기 불어나 징검다리가 없어졌기에 개울을 건널 때마다 물에 풍덩 빠져 허우적거리며 건넜다. 빗소리가 멎으니 산속은 다만 개울물 소리뿐이었다. 계곡의 양쪽 벼랑을 울리는 개울물 소리는 때로는 진혼곡鎭魂曲 죽은 사람을 달래기 위한 음악처럼 때로는 만가輓歌처럼 들려왔기에 나는 그런 개울물 소리를 의식하지 않으려고 '조금만 더, 조금만 더—'를 울부짖으면서 뛰어내려갔다.

석우당에겐 '조금만 더' 기다려 달라는 비원悲願이었고 나 자신에게는 '조금만 더' 힘을 내어 달려가자는 나를 향한 애원哀願이었다.

골짜기를 따라 내려갈수록 안개는 걷혀 갔으나 개울은 폭을 넓혀 갔다. 칠흑 같은 어둠이 몇 번이고 나의 발부리를 돌에 걸리게 하여 나를 엎어뜨렸다. 그러나 나는 다시 땅을 짚고 일어서서 내달렸다. 달리다가 숨이 차면 걸었고 걷다가 숨이 돌려지면 다시 내달렸다.

토굴에서 20리를 내려오니 심적深寂에서 내려뻗는 구릉이 다하는 곳에 희미한 불빛이 가물거렸다. 언젠가 시장길에서 보았던 화전민의 찌그러져 가는 오막살이 봉창흙벽에 작은 구멍을 내어 종이를 바른 창에서 희미하게 명멸하는 그 불빛은 가사상태에 있는 석우당의 운명처럼 안타깝기만 했다.

화전민 집을 지나자 나의 입은 다물어졌고 나의 안은 조용해졌으나 나의 밖은 간단없이 분주했다. 두 손으로 허공을 끌어당기고 두 발로는 대지를 박차면서 산모롱이를 돌아 저 아래 널려 있는 황지를 향해 나아갔다.

산모롱이가 가까워지자 개 짖는 소리가 들려왔다. 그 개 짖는 소리가 까맣게 잊어버린 소년시절의 어느 이름 모를 친구의 속삭임처럼 은은하고 다정하게 들려왔다. 그처럼 나는 고독했기에 그처럼 어린 동심童心에 사로잡혀 있었다.

개울을 건너 산모롱이를 돌아서니 황지 시가의 크고 작은 불빛들이 지난시절의 추억처럼 명멸했다. 개 짖는 소리가 우렁차고 탄차炭車의 클랙슨 소리가 선명해지자 나의 뜀질은 더욱 빨라졌다.

얇은 송판으로 이리저리 두들겨 맞춘 판잣집이 즐비한 광산촌의 새까만 골목을 빠져나가 신작로에 이르러 시장 쪽을 향해 달리면서 약국을 찾았다.

밤을 외면하고 석탄과 흙이 곤죽이 된 신작로를 끊임없이 오고가는 탄차들이 함부로 튕기는 진창을 받으면서 달리던 나는 전주電柱에 붙은 적십자가 그려진 정방형正方形의 약국 푯말을 찾아냈다.

약국 문을 밀치고 들어선 나는 경황 없이 캠플KAMPFER 주사약을 찾았다. 약제사인 듯한 40대의 주인이 도수 높은 안경테를 바로 하면서 유심히 나를 쳐다보았다. 더부룩한 머리와 수염, 희멀건 안색, 토굴생활의 이력을 말해 주는 더덕더덕 기운 승복, 그 승복이 물에 젖고 진창에 얻어맞았으니 그 몰골이 어찌 약국 주인에게 호감을 주었으랴.

나는 숨을 돌린 후 나를 야릇하게 훑어보는 약국 주인에게 나의 처지와 석우당의 위급을 알린 후 품속에서 회중시계를 꺼내 주면서 캠플 주사약을 달라고 애원조로 말했으나 그는 한마디로 거절했다.

그러면서 그는 여기서 더 내려가면 절에 다니는 사람이 약방을 경영하니 그곳으로 가보라고 했다.

약국 주인이 서 있는 뒤쪽 벽에 걸려 있는 조그마한 목제 십자가木製十字架에 매달린 예수의 표정에서 곤혹困惑을 읽어낸 나는 주인과 십자가를 번갈아 본 후 말없이 약국을 나섰다.

하늘을 올려다보니 구름이 줄달음질치면서 금방 돋은 스무날 달과 별들을 희롱하고 있었다.

더벅더벅 몇 집을 지나 내려가니 약방이 있었다. 나는 조용히 약방문을 밀치고 들어가서 캠플 주사약 2회분과 주사기와 탈지면과 알코올을 포장해 달라고 했다. 약방 주인인 듯한 50대의 남자가 나를 잠깐 살펴보더니 말없이 나의 요청품목을 포장하고 있었다. 왼손에 움켜쥔 회중시계를 펴 보니 열시 반이었다.

약국 주인이 포장한 꾸러미를 나에게 건네주자 나는 값도 묻지 않고 냉큼 오른손으로 받아듦과 동시에 왼손에 쥐었던 회중시계를 진열장 위에 놓고 "위급해서입니다, 용서하십시오!"라고 말하면서 약방 문을 부리나케 열고 닫은 후 내려뛰었던 신작로를 치뛰었다.

거절당했던 약국 앞쯤 뛰어갈 때, 저 아래쪽 약방 주인이 "스님, 스님. 이 시계 가지고 가십시오, 스님!"이라고 외치는 소리가 들렸으나 나는 뒤돌아보지 않고 뛰었다.

신작로를 작별하고 판자촌의 골목길에 접어든 나는 뜀질을 멈추고 걸어 나아갔다. 산모롱이를 돌아가면서 고개를 뒤로 주니 황지의 크고 작은 불빛들이 다시 보였다.

두 약종상藥種商의 얼굴이 크고 작게 부각되어 왔다. 인간의 불평등은 저 크고 작은 불빛들이 존재하는 한 영원할 것만 같은 서글픈 기분을 어찌할 수 없었다.

그 서글픈 기분이 회중시계로 돌려지자 아쉬움과 허전함이 나의 안을 온통 차지했다. 비록 고물이어서 헐값의 것이라 해도 나의 생애에 어떤 흔적을 남긴 것이어서 값을 넘어 소중한 보물처럼 간직했던 시계였다.

내가 최초로 지리산 내의 토굴생활로 접어들 때였다. 토굴에 필요한 제반 집물什物 살림살이에 소용되는 온갖 물품과 식량을 꾸려 짊어진 내가 은사스님에게 하직을 고하자 스님은 산문 밖까지 나를 배웅해 주셨다. 그때 품속에서 회중시계를 꺼내 주시면서 정중하면서도 간절한 부탁을 하셨다.

"토굴은 사중寺中 생활과 달라 아무런 제약이 없는 곳일세. 그래서 투철한 신심과 발심이 없는 수좌는 타락하기가 십중팔구일세. 하지만 무용無用의 용用에 입각하여 무제약無制約의 제약制約을 자득自得할 수 있다면 기필코 견성見性할 걸세. 토굴은 자칫 나태심의 온상이어서 해이심이 기적처럼 찾아오는 곳일세.

나태와 해이가 찾아올 때마다 이 시계를 들여다보면서 이 시계의 초침이 돌아가듯 자네도 간단없이 정진하길 바라네. 시계는 일정한 시간을 두고 태엽을 감아야 하듯 자네도 일정한 시간을 두고 육체적인 조건을 충족시키도록 하게.

시계를 들여다보는 그 짧은 순간까지 정진하게 될 때 자네는 비로소 수좌首座가 된 것일세. 거기에는 무제약의 제약이 있기 때문일세. 시계의 태엽을 감아야 한다는 것을 잊지 말게. 그럼 어서 가보게."

은사스님의 정중한 당부가 이어진 그 시계는 나의 몸에서 4년간 1959~1962 고락을 같이했었다. 부적처럼 집착심이 강렬했던 시계였다. 그런 시계가 나로부터 떠나 버렸으니 허전한 마음 금할 길 없었다.

불교의 경구는 가르치고 있다. 아집我執에서 벗어나지 않는 한 윤회에서 벗어날 수 없다고. 그렇다면 나(如來)만이 그(衆生)를 제도할 수 있다는 아집까지 버려야 할까? 그래서 수보리는 물었었다.

"여래는 여래如來이기를 원하지 않습니까? 원한다면 자상自相에 떨어지고, 원하지 않는다면 무엇으로 중생衆生을 건지나이까?"라고.

나의 안은 잡다한 상념에 포로가 되었으나 나의 밖은 계속해서 토굴을 향해 달려 나아갔다.

개울을 건너고 또 건너니 화전민 집 봉창에서 새어 나오는 불빛이 여전히 가물거리고 있음이 보였다. 순간, 나는 천사만려千思萬慮가 다 잊혀지고 석우당의 운명도 저 불빛마냥 희미하게 졸고 있으면서 오직 나를 기다리고 있다는 강박관념만이 나의 안을 차지했다.

나의 손에 들린 캠플, 나의 품에 간직되었던 회중시계로 바꾼 그 캠플만이 오직 석우당을 구할 수 있다는 사실은 아집도 윤회도 여래도 중생도 모두 군더더기로 밀어붙이고 인간의 한계성에 도전한 인간의 가능성이야말로 끝까지 인간적이라고 알려줄 뿐이었다. 그러면서 여래는 여래임을 잊고 있을 때 비로소 여래임을 동시에 알려 주었다.

나는 다시 뛰었다. 품속에는 회중시계를 안았던 손이 캠플을 안고 뛰었다. 구름이 달을 삼키고 뱉을 때마다 토굴 길에 명암이 점철點綴되었지만 나의 뜀질은 일정한 보조步調를 따라 계속되었다. 달빛이 주는 명암 같은 게 나의 안眼을 교란시킬 순 없었다.

토굴에 도착하여 방문을 열고 들어서니 여전히 석우당의 신음소리가 들렸다. 나는 마치 죽은 자가 다시 살아난 듯한 착각을 하면서 기뻐했다. 부엌으로 나가 관솔에 불을 붙여 방 안을 밝혀 놓은 후 석우당을 살펴보았다. 내가 떠날 때와 다름없는 표정이며 고르지 못한 숨길이었다.

나는 지난날 학창시절에 취미로 약간 배워둔 주사注射 솜씨로 석우당에게 주사했다. 캠플을 주사받은 석우당은 여전히 신음하면서 곤혹스런 표정을 보여 주었다. 관솔불은 그런 석우당을 춤추듯이 비추고 있었다.

나는 어제까지도 평화로웠던 석우당의 표정과 비동성이 생생히 기억되자 인생의 허무함이 뼈저리게 느껴졌다.

옛날 장자는 그의 처가 죽었을 때 단지를 두들기며 노래를 불렀다지만 나는 그럴 수가 없었다. 나는 끝까지 남이 슬피하면 같이 슬퍼해 주길 내 자신에게 바랄 뿐이었다. 그래야만 남들이 기뻐할 때 나도 기뻐할 수 있기 때문이다. 슬픔과 기쁨을 떠난 인간이란 이미 인간이 아니고 한갓 우상일 뿐이다. 다만 슬픔을 쫓고 기쁨을 불러들이는 피나는 노력만이 요구될 뿐이다.

화창한 봄날이었다. 과수원 안에 자리 잡은 우리 집 정원이었다. 장미덩굴 양 옆에 선 아버지와 어머니는 전도剪刀를 들고 장미를 손질하고 있었다. 화사한 정원에 선 그들은 행복한 미소를 주고받으면서 내가 알아들을 수 없는 얘기를 주고받고 있었다.

유치원에 가야 할 나는 새 옷을 차려입고 그들 사이에 서서 붉은 장미 한 송이에 겨냥을 한 채 죽총을 따따딱 따따딱 쏘고 있었다. 그때, 내가 표적한 장미꽃 위에 노랑나비가 한 마리 앉았다. 나는 나비를 겨냥한 채 몇 번이고 따따딱 거렸으나 나비는 맞지 않았다. 실탄을 장전할 수 없는 죽총이었기에 탄도가 없었고 그래서 표적은 영원히 표적일 수밖에 없었다.

그러나 나는 군대생활을 했기에 유치원에 다니던 어린애만은 아니었다. 방아쇠를 당기면 타깃에 구멍이 난다는 것을 경험했었다. 나비는 따따딱 소리만 내는 나의 죽총을 비웃으며 장미를 떠나갔다. 나는 죽총을 날아가는 나비에 겨냥한 채 나비를 따라갔다. 장미를 떠난 나비는 진달래·앵두·모란·찔레 따위의 관목灌木을 지나 잣나무·떡갈나무·향나무 등 교목喬

木들이 서 있는 정원의 가장자리로 나를 유인해 갔다.

나는 교목께로 높이 날아가는 나비를 향해 죽총을 높이 겨냥한 채 쫓다가 그만 관목과 교목 사이에 있는 연못에 풍덩 빠지고 말았다. 한마당 꿈이었다

후유! 한숨을 쉬면서 꿈을 깨고 눈을 뜨니 햇살이 맑은 아침나절이었다. 석우당은 나의 머리맡에서 꿀밤을 손질하다가 조용히 나를 돌아보았다. 나는 벌떡 일어났다. 땀에 젖은 옷이 무척 무거웠다. 방문을 열고 밖으로 나가니 약간 휘청했다. 눈앞에 펼쳐진 산하는 문자 그대로 녹음방초요 운다기봉雲多奇峰이었다. 변소 길을 돌아오는 나의 정기 잃은 눈길에 노랑나비가 한 마리 붙잡혔다.

꿈속인지, 꿈 깨인 꿈인지, 아니면 꿈을 꾸고 있는 꿈인지 그도 아니면……

나는 몇 번이고 눈을 깜박이면서 나비를 바라보며 현실과 꿈을, 나와 내 속의 나를 분별해 보았다.

나비는 토굴을 넘어 함박꽃을 자랑스럽게 피우고 있는 함박나무 사이로 사라져 갔다. 나의 눈길은 함박나무에 둔 채 마음은 장자莊子의 호접지몽胡蝶之夢 장주지몽莊周之夢. 장주가 나비가 된 꿈을 꾸었는데, 꿈이 깬 뒤에 자기가 나비가 된 것인지 나비가 자기가 된 것인지 분간이 되지 않았다는 이야기. 자아와

외계外界와의 구별을 잊어버린 경지을 더듬고 있었다.

'장자, 나는 꿈에 나비가 되어 이리저리 날아다니니 어디로 보나 나비였다. 나는 나비인 줄로만 알고 기뻐했고, 내가 장주莊周인 것은 생각지 못했다. 나는 곧 깨어났고 틀림없이 다시 내가 되었다. 지금 나는 사람으로서 나비였음을 꿈꾸었는지, 내가 나비인데 사람이라고 꿈을 꾸고 있는지 알지 못한다. 사람과 나비 사이에는 반드시 구별이 있다. 이를 물物의 변화라고 말한다.'

꿈의 끝 부분이 석연치 않다. 마음속의 탈몽의식의 비합리적인 세계를 문제 삼은 프로이트의 정신분석을 읽은 탓이었을까……, 꿈속의 나비도 날아갔고 현실의 나비도 날아갔고 나는 다만 토굴의 변소 길에 망부석望夫石처럼 서 있을 뿐이었다.

부엌에서 나온 석우당이 나를 부축하여 방으로 들어가게 했다. 푹 삶은 산나물과 꿀밤을 들여온 석우당은 다시 수일 전의 그로 돌아가 있었다. 나도 기갈증이 수일 전으로 돌아갔기에 발우를 깨끗이 비웠다. 발우를 치우는 석우당의 표정은 일순 만족과 환희를 보여 주더니 다시 옛날처럼 자족自足을 보여 주었다.

우리는 산에 가지 않고 토굴에서 꿀밤을 손질했다. 육신은 회복을 알려 왔지만 마음은 지난 한 주야가 남겨준 악몽에서 해방되지 못해 피부로 절감해 보았던 죽음이라는 감정이 풀이를 기다리며 도사리고 있었다.

"석우당, 생사의 기로에 서 보니 인간이란 아무것도 아니더군요. 생도 아니고 사도 아니고……, 이것도 저것도 선택할 수도 없고, 또한 포기할 수도 없더군요. 그걸 가리켜 무無라 할 수도 없고 유有라 할 수도 없더군요. 잠자는 것도 아니고 깨어 있는 것도 아니더군요. 그땐 답답하지도 않았는데 지금은 꽤 답답합니다. 우리들의 문제여야 하며 우리들의 해답이어야 할 그 생사가 말입니다."

"지허당, 생성과 파멸이 시간을 따라 공간에서 점철되는 게 우리들입니다. 생사의 시원始源이나 종국을 모르면서, 살아 있으면 환희하고 용솟음치는 생명을 느끼는 데 반하여, 죽음은 느끼지도 못하면서 무작정 싫어합니다. 죽음은 우리들에게 매력 있는 주술을 부여하는 신비가 있지만, 사는 우리를 어둡게 묻어 버리는 암흑 같은 것이기 때문입니다.

생의 시원이 하처何處 어느 곳이며 사死의 종국이 하처인지, 여태껏 누구도 아는 사람은 없었고 지금도 없습니다. 내일의 어느 사람이 알게 될지 그것은 오늘의 나로서는 알 수 없습니다. 나는 다만 언젠가의 내일을 사는 모든 사람들이 다 알 수 있으리라는 것만을 믿고 있을 뿐입니다."

"석우당, 그렇다면 대각에 이른 싯다르타와 그가 교설한 열반을 부정합니까?"

"지허당, 글쎄요, 현재로서는 내 혼자서 수긍할 수도 없고 부정하기에는 내가 너무 빨리 세상에 태어났을 뿐인데요.”

"그건 석우당이 아직 불佛의 경지에 함입咸入하지 못했다는 방증이 아닐까요?”

"글쎄요!”

"석우당, 지나가는 상여의 호곡소리에 기연機緣하여 설산雪山에 입산하여 절대무絶對無인 공空의 관조에서 대각에 이른 싯다르타는 상주불변하는 법을 교설했습니다.

그러나 고집苦集 고苦는 괴로움, 집集은 괴로움의 원인인 번뇌의 모임에 얽매인 인간은 진여眞如 만유의 본체를 말함. 그대로의 모습. 영원불변한 본체를 진여라고 함의 생명을 무명無明 이치에 통달하지 못하여 현상에 집착한 정신상태로 어리석음을 내용으로 한다으로 묻어 버린 채 생명의 포월자抱越者가 되지 못하고 있습니다.

죽음을 포월하고 죽음을 쓰다듬는 진리의 체험자인 싯다르타는 삶만이 아니라 죽음을 승화시키는 아트만의 여여如如이며 일심귀입一心歸入의 융섭자입니다. 그러한 싯다르타는 죽음에서 오는 병을 치유하기 위해 열반을 교설했습니다. 열반이란 적멸한 것이어서 현상이나 개념으로 알 수 있는 것이 아니라 심식작용心識作用으로 체득할 수 있는 것이라고 했습니다.

『중론』에서 '열반은 유有, 그것도 아니고 또한 무無, 그것도 아니며 언어로써 설명할 수 있는 심행心行의 그 범위도 아니다'라고 하며, 또 『대열반

경』은 '眞解者離於音數 寂滅永安 無始無終 不昉不明 不寒不暑 無名無說'
이라 합니다.

즉, 열반은 눈에 보이는 영이 아니라 눈에 보이지 않는 영이므로 가능성의 생명을 의미한다고 합니다. 왜냐하면 법신法身 그 자체는 상相이 없고 사물에 수용하여 형상을 일으키고 반야에는 지知가 없으며 연緣에 대응하여 조견照見되기 때문이라고 합니다. 그러므로 열반은 무無의 의미도 아니요 유有의 의미도 아니라고 합니다.

무일 것 같으면 죽음을, 유일 것 같으면 삶을 뜻하지만, 생生이나 사死 이전으로 존재하는 선천적인 개념을 부여한다고 합니다. 그런 까닭으로 '實相離音 法身無跡'이라고도 하고 '法身者虛空身也 無生而無不生 無形而無不形'으로 표현하는 시원적인 생이 열반이어서 생사를 의미하는 현실태가 아니라 우주 진여불성宇宙眞如佛性이 바로 열반이라고 합니다.

『중관심론中觀心論』「입유가행실결택장入瑜伽行實決擇章」의 본송本頌에 진성眞性으로서는 무생無生이기 때문에 유有가 아니다. 피彼 有는 있는有 것이 아니기 때문에 무無도 아니다. 유무有無의 이二를 끊음으로써 피彼 眞性라고 선언한다. 그러므로 '이二로써는 무無이다'라고 하여 유무有無를 초월한 절대무絶對無를 강조한 최상승最上乘의 열반은 귀일심원歸一心源을 의미하는 것이다라고 합니다."

"지허당, 불교에서 말하는 열반은 생명이 단절되는 죽음이 아니라 현실을 초극하여 존재하는 종교적 생명이어서 무의 인식에서 반야般若를 밝히는 힘이라고 했습니다. 이 무여열반無餘涅槃은 아집我執의 색상色相에서 해방된 세계를 말하므로 진제眞諦는 열반이고 속제俗諦는 유무有無라고 하면서 유무有無에 얽매임은 현실적인 생사이나, 열반에 들어감은 영겁에 의해 해탈된 것이라고 합니다.

열반에 이르지도 못하고 상주常住하지도 못한 우리들은 다만 열반을 향해 끊임없이 나아가야 할 뿐입니다. 열반에 이르기 위해 고행苦行할 뿐이지 고행을 강요할 수는 없습니다. 열반은 내게 주어지는 게 아니라 내가 그렇게 되기를, 바꾸어 말하자면 취하기를 기다리며 나를 열반에 맡겨 버렸을 때 비로소 가능할 것입니다.”

"지허당, 현실을 초극하여 존재하는 종교적 생명인 불교의 열반을 철학자 하일러는 다음과 같이 말했습니다. '열반이란 신 없는 신의 세계이며 시여施與함이 없는 신神의 시여'라고. 이는 열반의 정평正評일까요? 아니면 혹평일까요?”

"……”

"지허당, 하일러는 정평으로 내세우겠지만 절대로 정평일 수는 없습니다. 지독한 혹평입니다. 마하반야바라밀다심경摩訶般若波羅密多心經의 귀의歸依는 무엇을 의미하겠습니까? 마하摩訶란 다대승多·大·勝하다는 뜻이고 반야般若는 불타의 지혜, 바라밀다波羅密多는 도피안到彼岸을 의미합니다. 이렇게 본다면 심경은 다하고 대하고 승한 불타의 지혜로서 피안에 이르는到 마음心의 길經입니다. 그러므로 불교는 불타에 귀의하는 종교입니다.

신 없는 신의 세계엔 누가 있으며 시여함이 없는 신의 시여란 무엇이겠습니까? 하일러의 열반은 곧 불경을 읽고 책상머리에서 짜낸 인격신을 의미하는 열반일 뿐이지, 설산에서 고행하여 오득悟得한 대각자大覺者 싯다르타의 열반은 아닙니다."

"……"

"지허당, '신이 존재한다면 그것이 즉자태卽自態라면 존재의 충만성·완전성充滿性·完全性은 소유하게 될 것이나 그의 의식이 박탈되는 동시에 모든 합목적적인 활동이 불가능하게 될 것이다. 또 만약 의식적이며 인격적인 존재라면 인간과 다름없는 하나의 대자태對自態가 되는 동시에 그 자신 속에 허무가 침입하게 된다. 그러니까 신은 있을 수 없다'라고 결론한 사르트르의 말은 신을 부정하는 것입니까, 긍정하는 것입니까?"

"석우당, 신神의 부정입니다. 그러나 긍정이 성립되지 않는 부정일 뿐입니다. 그건 '나는 진리요, 빛이요 생명이니 나를 따르라. 그러면 멸망하지 않고 영생을 얻으리라'라고 절규하면서 십자가를 끌고 골고다로 향한 예수의 죽음을 초월한 오경지悟境地를 체득體得은커녕 구경도 하지 못한 사르트르의 얘기에 불과합니다.

'배후세계의 망상妄想을 거뜬히 타기打棄한다'면서, '모든 것은 현실태現實態로 있는 것이지 가능태可能態로 있는 것은 없다'라는 것도 사르트르의 말에 불과합니다. 신神은 얘기가 아니고 열반은 말이 아닙니다."

"지허당, 플라톤이 『파이톤』에서 소크라테스의 말을 빌려 '여기서의 생명은 정말은 죽음이요, 반대로 죽음이 삶인지 누가 알랴?'라고 말한 것도 역시 플라톤의 말에 불과할까요?"

"글쎄요……?"

"그렇습니다. 지허당, 싯다르타와 예수는 죽음을 초월하여 열반과 하나님을 교설했습니다. 그러나 열반은 싯다르타의 열반이고, 하나님은 예수의 하나님일 뿐입니다.

나는 다만 생사를 의심하며 고뇌했던 플라톤의 후예이길 바라며, 배후세계를 타기하려고 몸부림치는 사르트르의 친구이기를 바랄 뿐이지, 저 열반이나 천국을 원치 않습니다. 왜냐하면 생사를 초월한 인간이 세상에 아직까지 존재하지 못했습니다. 바꾸어 말하자면 인간을 이해하고 사랑했던 인간이 세상에 존재하지 못했습니다. 성인成人, 즉 완성된 인간은 세상에 아직 군림하지 않았기 때문입니다.

성인聖人이라 불리는 싯다르타나 예수는 성인成人을 지향志向하다가 열반과 하나님을 창조한 오류를 범했던 인간들입니다. 그들은 땅 위에 성인成人의 세계를 세우지 않고 하늘에 신의 세계를 세운 인간들입니다. 낮에는 햇빛이 밤에는 달과 별빛이 가득한 저 하늘에 때때로 구름이 비와 눈으로 변하여 흩뿌리다가 그리곤 어디론가 흘러가는 공허한 저 하늘에 그들은 신의 세계를 창조했을 뿐입니다."

"석우당, 신의 세계는 신들의 것이 아닐까요? 무명無明을 탈피하지 못한 인간은 신의 존재조차 인식할 수 없잖을까요?"

"지허당은 신의 존재를 긍정하며 불교를 유신론적인 종교라고 봅니까?"

"정확하게 말하자면 긍정도 부정도 하지 못하고 있습니다. 업고業苦와 윤회를 탈피하지 못한 범부니까요."

"지허당, 그렇다면 계속하지요. 저는 끝까지 불교를 무신론無神論으로 신봉하며 인간만을 긍정하기 때문에 신을 긍정하는 사람과는 인간에 대해 얘기하지 않기로 했습니다. 인간을 긍정하기에도 저에게 주어진 시간은 너무나 적기 때문입니다.

신을 부정해서 설령 지옥으로 간다 해도 나는 후회하지 않으렵니다. 끝내 죄인의 편에, 그리고 중생의 편에 서서 과보를 달게 받으렵니다. 죄인과 중생은 누구의 위선僞善을 위한 괴뢰자傀儡子며 또한 누구의 선행을 위한 표적이었습니까?

우스운 얘기 같지만 나는 지옥에 가기 위해 신을 부정합니다. 지옥엔 인간의 이웃이 살며 천국엔 신의 이웃이 살고 있기 때문입니다. 인간의 이웃은 고통스럽지만 신의 이웃은 권태로울 뿐입니다. 내 어찌 권태로운 신의 이웃을 택하겠습니까?

지허당이 긍정도 부정도 하지 않는다니 성인成人에 대해 말하겠습니다. 물론 성인聖人들은 틀림없이 인간들이었으니 인간의 존경의 대상은 되나 종교적인 신앙과 기복祈福의 대상일 수는 없습니다.

그들은 성인成人을 지향하고 나아갔던 선구자들임에는 틀림없습니다. 인간을 비극과 죽음의 고뇌에서 초극시키려고 자기 자신을 희생하였음에 틀림없습니다. 사람들이 배울 수 있는 이상으로 빨리 가르치는 자는 사람들에게 박해를 당하게 마련입니다.

그러나 그들 자신이 성인成人이 아니었으므로 그들에게 오류가 있었습니다. 가장 큰 오류는 신神 즉, 배후세계의 망상과 허구를 설정한 일이었습니다. 우리는 그들의 오류만은 범치 말고, 그들이 성인成人을 지향하면서 닦아 놓은 성인成人에의 길을, 현재의 인간이 그리고 앞으로의 인간이 성인成人을 지향하는 대로大路에 끌어들여 취사선택해야 합니다.

소위 성인聖人들은 틀림없이 성인成人을 그리면서 자기를 희생하는 동안 성인成人의 세계에 살 성인成人들이 갖출 수 있는 인격을 환상적으로 감지했던 선구자들이었으나, 그들 자신이 성인成人이 되지 못했기에 배후세계를 설정한 오류를 범했을 뿐입니다.

그들은 처음 그들이 환상적으로 감지했던 성인成人의 세계를 가리켰으나 비극의 시녀侍女 같은 죽음을 불안해하던 사람들이 외면해 버리자 배후세계의 신비를 가리켰습니다. 배후세계의 신비는 죽음을 두려워하는 사람들에게는 죽음을 퇴치하는 미묘한 양약 같은 것으로 생각되었기에, 사람들은 성인成人을 외치는 철학자들을 외면하고, 영생불사를 부르짖는 성인聖人 쪽으로 달려갔습니다.

그들 성인聖人들이 태어난 시대는 성인成人의 소양이 없었고, 성인成人의 소지가 마련되어 있지 않았기에 성인成人으로 군림할 수 없었습니다. 시대의 선택을 잘못하고 태어난 인간들이라고나 할까요? 만일 그들에게 몇 백 년이나 몇 천 년의 삶이 주어졌다면 그들은 틀림없이 신神을 설정하지 않고 성인成人이 되었을 것입니다만 성인成人을 환상적으로 감지할 수 있었던 그들에게 몇 십 년의 삶은 너무 짧았습니다.

몇 십 년의 인간의 생애란 너무나 짧습니다. 하지만 인간의 한계성을 지금의 우리로서는 부정해 버릴 수 없습니다. 그러니 인간의 완성을 위해 인간의 연쇄가 필요할 뿐입니다. 릴레이 경주에서 배턴을 넘기듯 인간은 완성된 인간 즉 성인成人을 목표로 뛰면서 이 세대에서 다음 세대로 계속 배턴을 넘겨야 합니다.

어린아이가 태어나자마자 어른이 되지는 못합니다. 많은 경험이 어른으로 만들 듯이 흐르는 세월과 함께 살아오면서 성인成人을 지향하여 노력해 온 인간의 경험에 의한 결정들이 쌓이고 쌓여서야 비로소 성인成人이 세상에 군림할 수 있습니다. 역사는 반복합니다. 그러나 설대로 무위無爲

한 반복은 하지 않습니다. 경험이라는 인간의 미덕, 즉 성인成人의 소양을 산출합니다. 현대는 성인成人을 맞이할 준비가 완료되어 있지 않습니다. 경험의 충적상태沖積狀態지 포화상태飽和狀態는 아닙니다.

현대에 사는 우리들은 슬프고 괴롭더라도 성인成人이 하루 속히 세상에 군림하기 위해 이제까지의 인간들이 성인成人의 내도來到를 위해 열어 놓고 닦아 놓은 성인成人에의 길을 계속해서 닦아 나가야 합니다.

우리들은 할아버지의 슬픔을 느끼지 말고 손자들의 기쁨을 생각하면서 성인成人의 길에 충실해야 합니다."

"석우당, 성인成人과 성인聖人을 좀 더 명확히 구분하여 설명해 주십시오. 자꾸 혼동됩니다."

"지허당, 우리말의 발음 때문이겠지요. 한자의 신성할 성聖의 성인聖人이 지고至高이의 신격화된 인간이라면, 이룰 성成의 성인成人은 지고의 인격화된 인간입니다. 이미 지나가 버린 성인聖人이 하늘에 복지福地를 창조한 인간이라면, 앞으로 올 성인成人은 땅 위에 복지를 건설할 인간입니다. 그렇다고 성인成人은 초인超人이 아닙니다. 초인은 인간을 초월한 인간을 말합니다. 그러나 성인成人은 인간을 초월하는 것이 아니라 〈인간을 완성〉시키는 것입니다. 인간은 초월될 수 없는 존재입니다.

처음부터 끝까지 인간은 한계성과 가능성을 동시에 지닌 지극히 인간적 존재일 뿐입니다. 인간이 아닌 초인은 신이 아니면 동물일 수밖에 없습니다. 신神은 허무이고 동물은 인간에 대한 모독冒瀆입니다. 성인成人은 신도 동물도 아닌, 철저하게 인간입니다. 하늘 위의 신의 세계를 거부하고 대지 위의 인간의 세계를 긍정한 성인成人은 인간을 온전히 이해하고 사랑합니다.

인간의 한계성과 가능성을 부정하고 배후세계를 창조한 성인聖人은 개인이지만 인간의 조건인 한계성과 가능성을 긍정한 성인成人은 개인이 아니고 전 인류입니다. 세상의 부분이 아니고 전체입니다. 세상의 뜻은 인간이고 인간의 뜻은 성인成人입니다."

"석우당, 현재까지의 성인聖人들이 성인成人, 즉 완성된 인간이 아니었다는 것은 자명한 결론입니다. 하지만 성인成人도 역시 인간 조건인 한계성과 가능성을 탈피하진 못하는군요?"

"지허당, 물론입니다. 세상에 복지를 건설할 성인成人은 우리와 똑같은 인간이어서 인간의 조건인 한계성과 가능성을 동시에 가져야 합니다. 그러나 성인成人은 한계성과 가능성을 이해하고 사랑합니다. 개인이 아니고 전 인류이며 부분이 아니고 전체적이기 때문입니다."

"훌륭한 낙원이겠군요?"

"지허당, 틀림없는 낙원입니다. 하지만 저는 그 낙원을 표현하거나 설명할 순 없습니다. 저는 성인成人의 세계에서 살아보지 못했고 살고 있지도 않으니까요. 그리고 성인成人이란 제품製品이 되어 출고를 기다리는 상품

가능성과 한계 145

이 아니라 우리가 제품製品해야 할 상품에 비유할 수밖엔 없으니까요. 그러나 분명한 것은 나는 더 이상 지나간 성인聖人들의 과오를 답습하고 싶진 않습니다."

"석우당, 저는 역시 열반을 부정도 긍정도 하지 못하겠군요."

"지허당, 그렇다면 열반을 성인成人의 세계로 생각할 순 없겠습니까?"

"그럴 순 없지요. 개념과 상황이 다르지 않아요."

"그렇다면 못을 양쪽에서 동시에 박으면 어떻게 되겠습니까?"

"그거야 서로 밀어낼 수밖에 없겠지요."

"지허당, 그렇습니다. 서로 밀어내기 때문에 못을 박을 순 없습니다. 부정도 긍정도 할 수 없다는 것은 바로 이런 결과밖에 나타나지 않습니다."

"석우당, 회색조灰色調의 미망迷妄 속에서 비탄의 엘레지나 부르고 있는 인간들이 중립이니 중도中道니 하면서 선택을 부덕不德으로 돌리고 있습니다."

"지허당, 인간은 사상과 이념의 소산인 비전과 이즘ism(主義)이 있어야 합니다. 지금까지의 세상에 많은 주의主義가 있어 왔습니다. 세상은 주의와 함께 발전해 왔고 인간은 비전과 함께 개명開明돼 왔습니다.

그러나 제가 부르짖는 주의는 성인주의成人主義입니다. 지금까지 있어온 휴머니즘과는 사뭇 다릅니다. 그 휴머니즘까지를 포함하는 모든 주의의 총화總和가 성인주의입니다. 성인주의는 인간의 연역演繹 일반적인 원리로부터 논리의 절차를 밟아서 낱낱의 사실이나 명제를 이끌어 냄에서 시작된 부조리한 세계가 인간의 귀납歸納 낱낱의 구체적 사실로부터 일반적인 명제나 법칙을 이끌어 냄으로 끝나는 조화 있는 세계의 창조행위를 그 근본으로 합니다.

이제까지 있어온 모든 주의의 장점의 총화인 성인주의는 인간이 최초로 이성을 가질 수 있었던 옛날부터 이 성인주의가 달성되는 미래의 어느 시간까지가 인간의 목적입니다. 이 목적이 달성될 때까지의 인간은 이 목적의 희생자들입니다.

우리에게 주어진 이 부조리한 세상을 조화된 복지福地로 만들기 위해서는 이 성인주의는 여지餘地의 어떤 주의도 필요로 하지 않습니다. 어떠한 인위적인 부자유나 구속도 필요로 하지 않습니다. 오직 뭘 필요로 하는 것은 인간의 창의적인 창조성입니다.

오늘 이 세상에서 어떠한 참상慘狀이 일어나고 있다 해도 오늘은 절대로 어제보다는 불행하지 않습니다. 인간의 창조성은 시간과 정비례합니다. 인간의 창조성은 끝까지 전체적이지 부분은 아닙니다. 인간의 창조성은 끝까지 오늘의 개선改善에 있지 어제의 개선에 있지 않고 오늘을 뛰어넘어 내일의 개선에도 있지 않습니다. 인간의 창조성은 끝까지 인간을 위한 행위입니다. 이기적이 아니고 희생적입니다. 그 보상은 반드시 인간이 받게 됩니다.

성인주의의 목적은 인간이지만 수단은 자연입니다. 자연에다가 배후세계의 비밀을 주어 본댔자 영합하질 않습니다. 자연은 자기대로의 관성과 속성에 따를 뿐입니다.

따라서 성인주의에 충실하려면 자연을 이해하고 사랑하여야 하며 자연을 이해하고 사랑하려면 인간을 이해하고 사랑해야 합니다. 인간을 이해하려면 지혜가 필요하고 인간을 사랑하려면 창조성이 필요합니다. 지혜는 이제까지의 경험과 그 경험을 토대로 한 자기의 경험에서 얻어지고 창조성은 희생적인 행동에서 얻어집니다. 경험 없는 지혜는 예수의 지혜고 행동 없는 사랑은 십자가의 사랑입니다. 이해가 되는지요? 지허당……."

"이해가 되기도 하면서 의문은 풀리지 않습니다만 성인주의의 우월성에 비하여 구제주의의 편협성만은 인정하겠군요."

"완전한 이해를 하기 위해 지혜를 구사驅使하여 세계사를 읽어 주시고 그 다음에 행동적으로 창조성을 발휘해 보도록 하시지요. 저는 여기를 떠나는 날이 성인주의를 실천하는 날이 되겠습니다."

"글쎄요. 그러나 저는 좀 더 저의 화두에 충실하면서 정진하렵니다."

"예……, 그렇습니다. 감사합니다. 지허당은 역시 지허당답구려……."

처음 대하는 석우당의 활짝 핀 표정이 만들어 내는 미소와 나에게 감사하다면서 끄덕거리는 고갯짓을 받은 나는 같이 웃지도 못하고 울지도 못한 채 눈을 감고 말았다. 나의 왜소와 무지를 탄嘆하면서―.

이해와 사랑

무無는 어떻게 사랑할 수 있을까요?
무無를 사랑하려면 무無를 이해하지 못하고서는 불가능합니다.
허무한 무無를 사랑할 수는 없는 것이니까요.
무無를 이해하게 되면 존재를 긍정하게 됩니다.
존재는 끝까지 존재를 존재시키기 위한 존재며 또한 무無는 끝까지
무無를 주장하는 무無입니다.
존재를 존재시키기 위해서는 존재를 사랑해야 합니다.
존재를 사랑하는 것이 바로 무無를 사랑하는 것입니다.

여름이 깊어가자 우리들의 다래끼에는 약초 대신 버섯이 담겼다. 향취 높은 능이와 미끈미끈한 느타리, 맛좋은 표고, 그리고 싸리버섯과 노른배기 등이었다. 표고와 능이는 잘 말리고 나머지는 그때그때 먹었다. 김장밭에서 거름을 장만하느라고 석양녘엔 풀을 한 짐씩 베어다가 토굴 앞 스무 평 남짓한 채전菜田에 쌓았다.

천둥과 번개가 계속되던 한여름이 지나자마자 심적深寂은 벌써 가을을 알려 왔다. 우리들의 유일한 농사인 김장이 돌아왔다. 여름 삼복三伏 중에도 아궁이에 불을 넣어야 하는 곳이고 보니 바람 끝이 매끄러운 가을의 아침저녁은 손발이 시려 때로는 마음까지 시려 왔다.

함박산 상봉의 관목灌木들이 단풍을 알려 오자 우리는 무척 바빠졌다. 우물집과 땔 나뭇가지를 덮을 쇠풀 베기로부터 월동준비가 시작되었다.

심적은 일 년 중 반년이 겨울에 잡혀 있는 꼴이었다. 음력으로 시월 초에 눈이 덮이면 다음 해 삼월 그믐께야 눈에서 풀려나기 때문이다.

기라성綺羅城을 이룬 심산深山의 가을은 여러 가지로 풍성했다. 하늘이 맑은 정오에 토굴 옆에 옹립擁立한 바위에 올라보면 전망이 가경佳境을 지나 선경仙境에 가까웠다.

천고마비지절天高馬肥之節의 청천晴天은 안계眼界를 저 멀리 이백 리까지 허용해 주었다. 함박산 산하가 다하는 곳에 자리 잡은 황지가 업고 있는 연화산蓮華山 너머로 푸르다 못해 시꺼먼 동해가 바라보였다.

단풍이 함박산 상봉으로부터 황지를 향해 달려 내려갔다. 달포가 훨씬 지나서야 함박산의 단풍이 황지에 가 닿았다. 그러자 토굴에서 전망되는 산하는 천자만홍千紫萬紅을 알리면서 연자燕子의 강남행江南行을 독촉했다. 심적에 살얼음이 선을 보이자 우리는 효성曉星을 바라보면서 토굴을 나서면 땅거미가 진 후에야 토굴로 돌아왔다.

산은 우리들의 먹이를 보여 주면서 손짓했고 하늘은 조만간에 설옹雪翁을 내려 보내겠다고 전령사傳令使로 먼저 살얼음을 보내었다. 등에 걸머지고 손에 들린 다래끼에는 머루·다래·잣 등의 산과山果와 오미자·당귀·작약 등 온갖 약재藥材와 석이·조이·꿀밤이 채곡채곡 재어 있었다.

한로寒露가 지난 며칠 후 약재와 버섯을 걸머진 우리는 시장엘 나섰다. 지난 봄철처럼 된장국 냄새에 시달리지 않기 위해 토굴에서 가져온 무를 먹으면서 시장을 보았다. 덥수룩한 수발鬚髮 수염과 머리털과 누더기 차림에 무를 씹으며 시장을 돌아다니는 나를 쳐다보는 사람들이 끼리끼리 서로 손짓하며 소근댔다.

석우당은 무를 씹는 나를 보고 가만한 눈웃음을 보여 주었다. 소금을 짊어지고 실타래를 품에 넣고 낡은 신발을 버리고 새 신발을 신은 우리들은 발걸음도 가볍게 토굴로 돌아왔다.

무 배추를 뽑아 땅굴에 넣고 우물지붕을 덮고 나선 꿀밤 줍기에 낮의 시간을 다 주었다.

상강霜降이 지나자 진눈깨비가 싸라기눈으로 바뀌면서 물기는 모조리 얼어붙었다. 싸라기눈이 짓궂게 내리는 날 우리는 함박산 상봉 가까이까지 가서 꿀밤을 주웠다. 함박눈이 내리면 꿀밤 줍기가 끝나겠지만 싸라기눈이 내리니 꿀밤 줍기는 계속되었다. 함박눈은 꿀밤을 덮어 버리지만 싸라기눈은 꿀밤을 온전히 감추지 못하기 때문이었다. 그런데 정오가 가까워지자 싸라기눈은 함박눈으로 변해 펑펑 쏟아졌다. 잘도 내렸다. 우리들의 꿀밤 줍기는 끝이 났다.

우리는 몸도 녹이고 시장기도 달래기 위해 오래된 무덤이 있는 평퍼짐한 곳에 모닥불을 피웠다. 꿀밤가루로 시장기를 달랜 나는 모닥불에 몸을 녹이면서 눈 내리는 산하를 바라보니 살풍경殺風景하기만 했다. 더구나 고총古塚 위에 쌓이는 설분雪粉이 잔인하고 비정하게까지 느껴졌다.

"석우당, 무상無常하군요! 종달새 울던 때의 함박꽃과 철쭉꽃, 천둥 번개 속의 녹음綠陰과 맑은 계곡溪谷과 청풍명월淸風明月에 물든 단풍은 다 어디로 가버리고 이젠 나목裸木과 설옹雪翁뿐이구려."

"지허당, 무상하니 어떻다는 겁니까? 즐겁다는 겁니까, 슬프다는 겁니까?"

"즐겁지도 슬프지도 않습니다. 다만 허무할 뿐입니다."

"허무하니 어떻게 하겠다는 겁니까? 허무를 증오憎惡한다는 겁니까, 허무를 사랑한다는 겁니까?"

"증오할 수도 사랑할 수도 없습니다. 다만 허무하게 바라볼 수밖에 없습니다."

"지허당, 그건 인간의 모독이요, 인생의 반역이요, 자신의 중상重傷입니다. 무상을 허무하게 바라본다는 것은 얼핏 생각하면 제법 충실한 인간이며 달관達觀된 인생인 것 같으나 절대로 그렇지 못합니다. 허무하게 바라보는 순간 인간은 자기 자신 속에서 인간성을 상실당하고 있을 뿐입니다. 자신은 허무의 고향이 됩니다. 죽음의 이편에 있는 허무에 집착하는 힘은 강하면서 죽음의 저편에 있는 인생에 충실하는 힘은 묘妙하게도 약한 게 바로 허무를 받아들이는 인간의 비극입니다.

허무는 현상적인 존재의 비존재非存在나 존재의 비존재非存在로의 변화 과정을 보았을 때 일어나는 감정입니다. 즉 죽음과 죽음에의 과정, 변화와 변화에로의 과정을 보고 느끼는 것이 허무라는 기분입니다.

이 모닥불을 비롯하여 우리 주위는 모두가 허무로 둘러져 있습니다. 죽음과 변화는 이 순간에도 바로 지허당 앞에서 일어나고 있습니다. 보십시오. 이 모닥불을 이루어 주는 늙은 통나무 속에서 삶을 노래하는 나무벌레가 어쩔 수 없이 화장되어 가고 있습니다.

나무벌레의 평화로웠고 안락했던 낙원이 이글거리는 불로 변해 버리자 나무벌레는 몇 번 꿈틀거리다가 피식피식 소리를 남기면서 죽어 갑니다.

잎을 피우고 그늘을 짓고 열매를 맺으면서 자라기만 하던 나무도 변화가 가져다준 고목에로의 전락을 항거할 수 없어 변화에로의 길을 충실히 걷고 있을 뿐입니다.

우리가 불을 피워 그 변화를 빨리해 주고 있을 뿐입니다. 지허당이 허무를 느꼈던 산하대지도, 그 안의 존재들도 마찬가지입니다.

모든 유기체의 약동을 알리던 아지랑이, 발칙潑勅한 약동을 알리던 천둥, 결실을 알리던 청풍淸風이 없는 대신 학락涸落과 침잠沈潛을 알리는 백설白雪만이 천지간에 충만하니, 지허당이 허무를 불러일으켜 허무하게만 바라보게 하면서 자기 자신을 상실케 하고 있습니다. 자신의 상실이란 전락, 즉 죽음과 악을 의미하고 그 전락은 인간의 모독이며 중상重傷이고 배반입니다."

"석우당, 그러나 인간의 자연스러운 감정이 무상無常이며 꾸밈없는 기분이 허무가 아닐까요? 언제나 죽음을 만지작거릴 수밖에 없는 인간이니까 말입니다."

"그렇습니다. 문제는 죽음입니다. 그러나 해답은 죽음이 아니어야 합니다. 왜냐하면 죽음은 주는 게 아니라 주어지는 것이며 능동이 아니라 피동이기 때문입니다.

죽음의 공포는 자기염오自己厭惡의 기우杞憂와 열등의식의 자학自虐에서 오는 자기공포自己恐怖의 신경질환神經疾患에 불과합니다. 죽음은 객체적인 사상事象일 뿐이지 주체성을 찾아볼 순 없습니다. 육근六根과 육경六境의 소산인 육식六識으로 인식되는 진아眞我가 가아假我로 이입移入하는 과정이 죽음일 뿐입니다.

물론 죽음이 인간의 무서운 적임에는 틀림없습니다. 인간이 완성을 목표로 지향志向할 때 인간 완성을 시기하고 찾아오는 것이 곧 죽음입니다. 죽음은 인간을 산산조각으로 말살시켜 버립니다. 그러나 인간은 절대로 완성의 길을 포기하지 않으면서 인류의 한 조각임을 자각하고 죽음이 올 때까지 끊임없이 완성의 길을 모색하는 숭고한 인간성을 가지고 있습니다.

한 인간의 한계성은 죽음이 가져가지만 가능성은 죽음을 넘어 영원에 포용抱容되어서 다른 개체의 인간이 계속하고 있습니다. 이 위대한 인간성의 숭고함을 자각한다면 죽음이나 허무를 생각하거나 느낄 여유가 없을 것입니다.

물론 한 인간에게 찾아오는 죽음의 공포는 매우 절망적인 것입니다. 그래서 죽음을 의식하는 순간 염세관厭世觀을 일으키면서 자살을 기도하게 됩니다. 이때 자살을 포기하면서 갖게 되는 의지의 방향에 따라서 죽음을 느끼느냐, 느끼지 못하느냐가 결정될 것입니다. 죽음을 느끼는 사람은 온갖 고통을 느낄 것이요, 죽음을 느끼지 못하는 사람은 온갖 고통을 느끼지 못할 것입니다.

죽음에 대결하는 사람은 죽음을 느끼는 사람이요, 죽음에 순종하는 사람은 죽음을 느끼지 못하는 사람입니다. 대결은 부정이며 반발이지만 순종은 긍정이며 체념입니다. 죽음의 반발은 권력가에게서 볼 수 있고, 죽음의 체념은 철학가에게서 볼 수 있습니다. 지허당, 이해가 됩니까? 허무는 죽음의 본질이니까요."

"좀 더 예증해 주실 수 있을까요? 죽음은 어렴풋이 이해할 수 있으나 허무는 납득이 되질 않습니다."

"지허당, 죽음과 허무의 상관관계부터 말해야겠군요. 저 고총古塚을 보십시오. 죽음이 시체라면 허무는 묘지에 비유됩니다. 인간은 묘지를 보고 허무를 느낍니다. 그러니까 허무를 말하기 위해 죽음을 말했을 것입니다. 죽음과 허무는 본질적으로 동일할 뿐입니다. 자, 그럼 예증해 볼까요.

허무를 느끼지 않으려면 묘지의 생리를 이해해야 하고, 묘지의 생리를 이해하려면 죽음을 이해해야 하고, 죽음을 이해하려면 인간을 이해해야 하고, 인간을 이해하려면 자연을 이해해야 하고, 자연을 이해하려면 자연의 법칙을 이해해야 합니다.

자연의 법칙은 꼭 한 가지가 있습니다. 그것은 생生과 멸滅의 영원한 반복행위 결국 제행무상諸行無常입니다.

우주에 있어서 영원히 존재하는 현상적인 존재는 원자原子와 에너지 힘의 운동며 추상적인 존재는 시간과 공간뿐입니다.

이 영원한 네 요소가 이루고 있는 것이 바로 우주라는 것입니다. 시간 위에서 원자는 힘의 운동 에너지이 가해져 공간을 운행하는 것이 우주의 법칙입니다. 이 법칙은 그대로 자연에 적용되어 있습니다. 자연은 원자와 에너지의 운동에 의해 모든 존재의 생성과 멸망이 우리 주위에서 행해지고 있음을 보여 주고 있습니다.

여기 모닥불이 타고 있습니다. 틀림없이 나무라는 존재의 멸망과정입니다. 통나무를 이루었던 제원소諸元素가 힘의 운동에 의해 불꽃을 이루면서 각 원소로 분리되고 있습니다. 이제 이 불꽃이 계속하는 동안 수분과 가스는 힘의 운동인 바람에 의해 공간을 이동하다가 자기 원소를 필요로 하는 딴 물체에 포용되어 거기서 생성을 돕습니다. 불꽃이 다하면 남는 것은 재뿐입니다. 재는 모닥불 자리에 스며들기도 하지만 바람에 불려 좀 더 먼 곳으로 흘러가기도 합니다.

재는 모든 식물의 뿌리로 스며들어 그 식물의 생장을 도우면서 다시 생성의 과정에 오르는 것입니다. 여기, 모닥불을 피운 자리는 틀림없이 한 물체의 멸망의 터이지만 내년 봄에 어떤 식물의 씨앗이 떨어지면 다시 생성의 터로 되는 것입니다. 이것은 틀림없는 자연의 법칙입니다.

이 자연의 법칙이 자연의 일부분인 인간에게 그대로 적용되어 장송곡葬送曲의 애도哀悼 속에 영구차가 지나가는데 갓난아이의 고고성이 발칙潑剌하게 들리는 것입니다."

"석우당, 그렇다면 불교에서 말하는 업보소생業報所生의 과보果報인 생사윤회生死輪廻가 바로 진리라는 뜻인가요?"

"그렇습니다. 지허당, 그러나 생사윤회는 과보果報이자 곧 실보實報라는 것을 자각해야 합니다. 인간에겐 자연법칙이 강요하는 죽음과 허무만 있는 게 아니라 자연법칙을 인식하는 능력과 자연법칙을 최대한으로 이용하려는 불멸의 의지인 창조력이 있습니다.

자연에서 오직 인간만이 그들의 부단한 노력에 의해 이 의지를 미완성인 채로 향유하면서 발전과 개선을 꾀하고 있습니다. 돌을 유일한 도구로 사용하던 인간의 의지가 달을 정복하려는 의지로까지 발전해 왔습니다.

죽음 때문에 인간은 괴로워하지만 죽음 때문에 인류는 발전해 왔습니다. 죽음이 없는 세계란 존재할 수 없지만 죽음을 인식하는 세계는 인간에게만 존재하고 있습니다. 이 인간만이 가지고 있는 인식은 인간을 완성의 길로 채찍질하는 의지를 뒷받침하고 있습니다.

인식은 경험과 부단한 실험에 의한 과학적인 이성을 필요로 하면서 곧 의지의 추진력이 되고 있습니다. 이 의지를 강화하고 발전시키는 데 암적인 대상이 바로 죽음일 뿐입니다.

그런데 이 죽음을 느끼면서 허무를 씹게 되면 의지는 어떻게 되겠습니까. 허무에 짓밟힌 의지는 죽을 뿐입니다.

인간 완성의 길은 너무나 멀고 의지의 발전은 너무나 느려서 그 결과를 바라보기에는 죽음과 고통이 본질처럼 되어 있는 현재가 너무나 비참합니다. 그러나 현재의 비참한 상황을 외면한 완성된 인간(成人)이 군림할 미래만을 바라볼 수는 없습니다. 이 세상은 정신병자의 수용소는 절대로 아닙니다."

"석우당, 어떻게 하면 현재의 비참한 상황들을 극복할 수 있을까요?"

"결국은 죽음에 대한 물음입니다. 죽음을 이해하고 사랑해야 합니다. 죽음을 이해하면 인식이 번쩍이고 죽음을 사랑하면 의지가 약동합니다. 죽음이 없는 세계는 비록 살아 있어도 시체이며, 죽음이 있는 세계는 어린애에게 비유됩니다. 시체는 썩어 가지만 어린애는 자라납니다.

인간의 인식이 사고할 수 있는 한의 가장 무거운 형벌은 불사不死하는 것입니다. 불사하는 가장 무서운 형벌로서 무한한 생명을 부여받기를 원했던 저 진시황의 운명을 누가 부러워하겠습니까? 죽음이 없는 인간이란 한갓 동상이나 초상화일 뿐입니다.

죽음을 이해하고 사랑하기 위해서는 죽음이 대상으로 하는 인간을 이해하고 사랑해야 합니다. 인간을 이해하지 못하니까 허무를 느끼고 인간을 사랑하지 못하니까 죽음을 느낍니다. 인간을 이해하고 사랑하면 허무나 죽음은 생각조차 할 수 없습니다.

죽음은 끝이 아니라 시작일 뿐입니다. 봄은 틀림없이 오고 작년에 지저

귀던 제비가 아니고 그 제비가 기르던 새끼가 올 것입니다. 나나 지허당도 저 고총古塚 속의 시체가 될 때가 있을 것입니다. 저 고총이 주는 무언의 영탄詠嘆을 듣지 말고 저 고총 속의 시체가 주는 무언의 교훈을 들어 배워야 합니다. '언젠가는 너도 이렇게 될 몸, 너는 세상을 위해 무엇을 했으며 무엇을 남겨놓았느냐?'라고.

인간은 죽음을 생각하고 허무를 느낄 시간이 없습니다. 인간의 한계성인 죽음은 필연적인 것입니다. 필연적인 것을 붙잡고 괴로워할 필요는 없습니다. 다만 죽음의 필연성을 이해해야 합니다. 그러면 삶의 당위성을 찾게 될 것입니다. 인간은 오직 가능성에 충실해야 합니다. 인간은 가능성에 충실하기에도 주어진 시간은 너무나 짧을 뿐입니다.

진실로 죽음을 이해하고 사랑하려면 인간을 이해하고 사랑해야 합니다. 인간을 이해하고 사랑하려면 인간이 몸을 담은 자연을 사랑해야 합니다."

"석우당, 어떻게 해야만 자연을 이해하고 사랑할 수 있습니까?"

"자연 속에 자신을 던져야 합니다. 그래서 자연의 법칙을 이해하고 활용해야 합니다. 인간과 자연은 함수관계函數關係이면서도 인간은 자연의 사용인이며 또한 자연의 이해자이기도 합니다. 자연의 법칙에 의한 자연의 질서에 대하여 부단한 관찰을 하면서 자연법칙이 허용하는 범위 내에서 자연의 질서를 최대한으로 이용하고 활용해야 합니다.

인간의 칼날 같은 이성에 의하여 번쩍이는 인식이 밀어주는 성인成人에의 길을 모색하는 의지에 의해 인간은 자연의 질서를 언제나 인간에 의해 변형시켜 왔습니다. 구름이 우리를 위해 비를 내려주지 않는다고 해서 구름을 원망할 이유는 없습니다. 구름 위를 보려는 오른쪽 눈보다도 땅을 내려다보는 왼쪽 눈을 사랑해야 합니다.

인간이 가진 종교적인 신비나 기적을 바라는 요행심僥倖心을 버리고 구름이 비를 내리게 할 수 있는 지혜를 갖춘다면 흘러가는 구름일지라도 대지 위에 물을 주지 않고는 견딜 수 없을 것입니다.

자연은 우리들 인간의 편을 드는 것도 또한 적대하는 것도 아닙니다. 자연은 인간의 수중에 들어 있는 원료 같은 것이어서 인간은 그것을 제품해야 합니다. 문제는 자연을 완전히 인류를 위해 제품화할 수 있는 지혜를 갖춘 새로운 인류의 출현입니다. 이 성인成人의 출현을 위해 지허당이나 나나 이 산속에서 토굴생활을 하고 있는 것입니다.

자연을 이해하고 사랑하는 데는 불굴의 의지와 지혜를 필요로 하기에 언제나 〈자기희생〉을 강요 당하고 있습니다.

결론적으로 인간을 이해하고 사랑하는 것은 곧 성인成人의 길을 지향함을 의미합니다. 그 길은 지원지난至遠至難하여 고통의 연속입니다. 그래서 자기희생을 필요로 하는 것입니다.

지허당이나 내가 인간을 이해 못하는 무리들에 끼어 산다면 그들의 지도자가 되어 맨 앞장을 설 수도 있을 것입니다. 그러나 그 길은 성인成人

의 길이 아니고 천년을 하루같이 단조롭게 보내는 저 동물들에 통하는 길일 뿐입니다.

자연을 이해하고 사랑하는 인간은 인간끼리의 투쟁이 있을 수 없습니다. 모든 인간이 동지가 되어도 자연에 비하면 너무나 무력하기 때문입니다.

지허당, 거듭 말하건대 인간을 이해하고 사랑하려면 자기희생이 필요합니다. 자기희생은 진정으로 자기를 이해하고 사랑할 때 비로소 가능할 것입니다."

수천어로 나열되었던 석우당의 의취意趣는 마지막 이 말로 집약되었다. 잔혹하리만큼 참되게 표현한 보살菩薩의 자세였다.

"석우당, '감사합니다.' 저는 지금 이 말 이외에는 아무 할 말이 없습니다.

"지허당, 우리들은 모든 것에 결코 감사해야 할 필요는 없는 것이겠지만 그래도 모든 것에 감사하는 편이 훨씬 나을 것입니다. 특히 우리를 이 산 속에서 살게 하는 저 바깥세상에게도 오히려 감사해야 할 것입니다.

나는 결코 세상이 싫어서 이 산 속에 들어온 것이 아니라 세상이 너무 좋아서였습니다. 세상이 싫었더라면 자살을 결행했을 것입니다.

그래서 인간이란 소수인만이 성인成人의 길을 지향하고 또 소수인의 인간만이 그 길을 막고 있을 뿐입니다. 우리가 이 소수인의 성인成人을 지향하는 대열에 끼일 수 있었다는 것에 감사하게 되면, 이 길을 막는 소수인에게까지도 감사할 수밖에 없습니다.

우리가 살고 있는 이 시대는 인류라는 전체가 인간이라는 일부분에 의해 움직이고 있을 뿐입니다. 그러나 성인成人이 군림君臨할 시대에는 인류 전체가 인류 전체를 움직일 것입니다."

나는 백치白痴마냥 고개를 끄덕거릴 뿐이었다. 어쩌면 백치만이 고통苦痛을 느끼지 못하는 인간이기 때문이었을까! 함박눈은 잘도 내렸다. 모닥불은 열기를 잃고 불꽃을 다해 갔다.

우리는 일어서서 눈을 털고 꿀밤이 담긴 다래끼를 걸머졌다. 그리고 눈 속을 향해 걸었다. 눈이 나의 볼을 차갑게 때릴 때마다 나는 문득 이 산에 흘린 눈물을, 뱉은 침을 그리고 갈겼던 오줌을 생각하며 가만히 웃을 수밖에 없었다.

심적深寂은 이제 완전히 눈으로 덮여 버렸다. 그러자 무덤 같은 정적이 찾아왔다. 가끔 먹이가 그리워 울부짖는 여우와 승냥이의 슬픈 곡조만이 정적을 앗아갈 뿐이었다.

우리들의 육체적인 활동은 다시 기계처럼 고정되었다. 날이 밝으면 오전과 오후 두 차례씩 눈 속을 뚫고 나뭇길에 올랐다가 눈 속을 뚫고 나뭇길에서 돌아왔고, 밤이면 꿀밤을 손질할 뿐이었다. 나의 누더기는 시간과 함께 자꾸만 천과 실을 불려(增) 갔다. 겨울이 깊어감에 따라 속옷인 내의는 완전히 끝을 알렸고 바랑 안에도 가사만이 남아 있었다.

장삼을 뜯어 누더기를 기울 때는, 그 동안 까맣게 잊어버렸던 은사스님을 추억케 해 주었다. 나는 끝내 석우당처럼 알몸에 누더기만을 걸칠 수가 없었기에 팬티만은 어떻게 해서라도 꾸며 입었다. 나는 석우당에 비해 팬티만큼의 무명無明과 업고業苦가 더 많았기 때문에서였을까.

단조로운 나날이 눈 속에서 흘러갔다. 동장군의 극악한 몸부림인 소한·대한小寒大寒이 지나자 임인년이 이별을 알려 왔다. 가끔 회한悔恨과도 같은 바람이 나의 안을 스쳐갔다. 나는 그때마다 화두를 놓지 않고 정진에 정진을 거듭했다.

제야除夜였다. 우리는 오늘도 틀림없이 꿀밤을 손질했다. 불 없는 방안은 그 어느 때보다도 어두웠다. 망년忘年을 위한 만찬晩餐도 없었지만 신년新年을 위한 정찬正餐의 준비도 없었다. 올드·랭 사인도 없었고 여느 날과 다름없이 탁! 탁! 꿀밤 껍질이 벗겨지는 소리뿐이었다.

꿀밤 손질이 끝나자 석우당이 입을 열었다.

"지허당, 임인년壬寅年이 다하는구려! 그러면서 우리에게 돌아보라고 하는군요. '인간이 동물과 구분되는 것은 직립이기 때문이 아니라 자신을 돌아다볼 줄을 아는 의식의 거울을 가졌기 때문'이라고 하면서 말입니다."

"석우당, 돌아다볼 필요가 있을까요? 일체는 무無인데 말입니다."

"지허당, 어찌하여 일체가 무입니까? 나는 틀림없이 지허당의 말을 듣고 지허당은 틀림없이 나에게 말하였는데, 어찌하여 일체가 무無입니까?"

"바로 그것이 무無입니다. 생각하고·말하고·듣고·느끼는 것이 바로 무無입니다."

"어찌하여 생각하는 것, 말하는 것, 듣는 것, 느끼는 것이 무無입니까?"

"묻는 그것까지도 무無입니다."

"지허당, 그럼 무無란 무엇입니까?"

"무無는 처음부터 끝까지 무無일 뿐입니다. 무無를 설명할 순 없습니다. 무無를 설명하는 것까지도 무無입니다."

"그럼 세상에는 무無만 존재하겠군요?"

"세상엔 무無도 존재하지 않습니다. 무無는 존재할 수 없습니다. 절대무絶對無는 공空과 같습니다. 그러니까 일체는 무無며 공空입니다."

"지허당, 무無와 공空은 어떻게 다릅니까?"

"무無와 공空은 동일합니다. 호리毫釐의 차이도 없습니다."

"지허당, 공空은 유무有無를 초월하여 존재하는 정관正觀의 연기緣起로서, 무無와는 다르지 않습니까?"

이해와 사랑 165

"무無도, 유有도, 공空도 그 경계는 동일할 뿐입니다."

"그럼 일체가 무無인 세상은 도대체 무엇입니까?"

"무無를 자각自覺한 인간의 습반濕? 반의 한자는 밝혀내지 못했음입니다."

"지허당, 무無를 자각한 인간이 이 세상에 존재하며 존재했습니까?"

"존재하지 않았으며 또 존재하고 있지도 않습니다."

"아하하하, 하하하……."

석우당은 대소성大笑聲을 발했다. 그와 만난 이후 처음 듣는 웃음소리였다.

불가佛家에서는 도인만이 도인을 알아본다고 한다. 이심전심以心傳心의 묘리妙理 때문이다. 그러나 나는 석우당과 함께 웃을 수 없었다. 따라 웃기는 더욱 불가능했다. 나의 습반에 있지 않고 끝없는 고업苦業의 길을 배회徘徊하는 중생에 불과했기에. 더구나 토굴생활까지를 해야 하는 중생이었기에.

석우당의 웃음은 멎어지고 엄숙한 말이 이어졌다.

"지허당, 감사합니다. 오랜만에 정말 오랜만에 웃어볼 수 있었습니다. 열반의 공감과 무無의 공명共鳴 때문이었습니다."

"석우당, 그러나 저는 이렇게 울지도 웃지도 못하고 있을 뿐입니다. 갓 나온 송아지처럼 말입니다."

"지허당, 일체는 무無임에 틀림없습니다. 그러니까 일체는 유有임에도 틀림없습니다. 절대무絶對無란 존재할 수 없습니다. 무無의 저쪽에는 반드시 유有가 있고 유有의 이쪽에는 반드시 무無가 있습니다. 무無는 허무한 무無를 넘어 유有를 긍정하는 무(妙無)입니다. 절대적인 무無가 있다면 절대적인 유有를 긍정할 때 가능할 뿐입니다.

우리가 무無를 느낄 때는 죽음을 느꼈을 때입니다. 죽음은 허무와 불안을 안겨 줍니다. 불안은 처음 무無를 느꼈을 때 찾아오는 감정이며 불안은 더욱 더 무無를 느끼게 합니다. 그러니까 불안은 무無를 더 깊이 자각했을 때 해소될 뿐입니다.

지허당, 우리는 어떻게 무無를 자각할 수 있을까요. 우리는 무無를 끝까지 인정하면서도, 그 무無 속으로 침투하여 무無를 이해하고 사랑함으로써 비로소 무無의 자각이 가능합니다. 무엇보다 중요한 건 무無를 타기打棄할 게 아니라 무無를 자각해야 하는 것입니다.

무無를 이해한다고 해서 무無를 자각할 수는 없습니다. 무無를 이해한 후 무無를 사랑해야만 무無를 자각할 수 있습니다.

그러나 우리는 너무나 유한하고 또 죽음의 존재이기 때문에 우리의 결심이나 의지를 가지고 근원적으로 무無 앞에 직면하려고 하지 않습니다. 그러니까 이 세상은 자각되지 못한 무無라는 비극이 수繡를 놓고 있습니다. 비극悲劇은 인간의 죄이며 악입니다. 그러니까 우리는 끝끼지 무無를 이해하고 사랑하여 무無를 자각해야 합니다. 인간의 숙명이니까요.

그럼 무無는 어떻게 이해될까요?

우리가 무無에 부딪쳤을 때 회피할 게 아니라 무無를 깊숙이 파고들어야 비로소 무無를 이해할 수 있습니다. 무無는 대상對象이 있는 현존재現存在로서 드러나는 것은 아닙니다. 불안이 현존재의 대상對象이 없듯 이 무無도 현존재의 대상은 없습니다.

무無는 반드시 유有에 매달려 나타나면서, 그리고 유有를 드러내 보이면서 그 속에서 무화작용無化作用을 하여 유有의 존재형식存在形式을 변화시키고 있습니다. 무화작용에 의해 이쪽에서 임종臨終하느라 단말마斷末魔의 비명悲鳴을 지를 때 저쪽에서는 산고産苦를 끼친 유아幼兒의 고고성呱呱聲이 세상을 진동振動하게 됩니다. 그러니까 이 세상은 영원한 무無가 영원한 유有를 필요로 하면서 현존재를 변형시키면서 존재를 영원히 존재케 합니다.

다음으로 무無는 어떻게 사랑할 수 있을까요?

무無를 사랑하려면 무無를 이해하지 못하고서는 불가능합니다. 허무한 무無를 사랑할 수는 없는 것이니까요. 무無를 이해하게 되면 존재를 긍정하게 됩니다. 존재는 끝까지 존재를 존재시키기 위한 존재며 또한 무無는 끝까지 무無를 주장하는 무無입니다. 존재를 존재시키기 위해서는 존재를 사랑해야 합니다. 존재를 사랑하는 것이 바로 무無를 사랑하는 것입니다.

여기에서 주어지는 결론은 존재란 곧 무無요, 무無란 곧 존재라는 것입니다. 무無를 거부하고 부정하는 바로 그때 무無를 승인하고 긍정하는 것과 같습니다. 따라서 무無를 이해하고 사랑하는 사람은 존재를 이해하고 사랑할 수밖에 없습니다. 이때의 무無는 무無가 아니고 무無를 넘어서 존재에 포용돼 버린 무無입니다. 존재를 이해하고 사랑하는 사람은 인간을 이해하고 사랑할 수밖에 없습니다.

인간이 불안해 하는 것은 본래적으로는 아무것도 아닙니다. 즉 무無입니다. 불안해하든 불안해하지 않던 간에 무無 자체로서 무는 어디에나 있을 뿐입니다. 무無는 불안 가운데 드러나는 것이지 현존재로서 드러나는 것은 아닙니다. 그러니까 현존재를 이해하고 사랑하는 사람에게는 불안이란 있을 수 없습니다. 불안이란 인간을 외면한 극히 형이상학적形而上學的이요 지나치게 신적神的일 뿐입니다. 그러니까 인간을 이해하고 사랑하는 사람에게는 불안이란 있을 수 없습니다. 인간에게 대상이 있는 공포는 있을 수 있지만 대상이 없는 불안이란 있을 수 없습니다.

마지막으로 무無는 어떻게 지각될까요?

무無를 이해함은 지혜로, 무無를 사랑함은 의지로, 그리고 무無의 자각은 행동으로서 가능합니다. 무無 속으로 깊이 침투하여 행동할수록 눈앞의 현존재는 더욱 뚜렷이 무無를 배제하며 나타납니다. 현존재인 인간을 이해하고 사랑하려면 더욱 행동에 투철해야 합니다.

투철한 행동은 끝까지 진보적이며 향상적입니다. 투철한 행동은 끝까지 인간의 연대성連帶性과 책임감責任感을 필요로 하는 인간적인 것입니다. 그렇기 때문에 무無는 일 개인이 자각할 수 없습니다. 인류 전체가 동시에 자각할 수밖에 없습니다. 불교의 지향점이기도 합니다.

지허당은 무無를 자각하면 이 세상은 열반이 된다고 했습니다. 틀림없는 말입니다. 그러나 현재는 열반이 아닙니다. 그러니까 이 세상에 무無를 완전히 자각한 사람들은 과거에 존재하지도 않았고 현재에 존재하지도 않고 있습니다. 만약 무無를 자각한 개인이 있었다면 자각하는 순간 그는 자살하고 말았을 것입니다. 왜냐하면 이제까지의 세상은 그를 받아들일 수 없었기 때문이고, 그에게는 대상이 없는 권태倦怠가 찾아왔기 때문입니다.

이 세상에 존재했던 성인聖人이나 현인賢人들은 무無를 완전히 자각한 것이 아니고 무無의 일부분을 자각하고 거기에 만족하여 행동했을 뿐입니다. 하지만 그들은 틀림없이 훌륭한 선지자先知者며 행동가였습니다. 행동가는 인류를 위한 자기희생을 필요로 합니다. 그들은 우리들에게 희생을 보여 주었습니다.

　무無의 완전한 자각은 무無의 부분들의 자각의 총화總和로서 무無 전체가 자각되어야 합니다. 지나간, 그리고 현존의 성인聖人이나 현인賢人들의 부분적인 무無의 자각들의 총화가 현재를 이루고 있습니다. 어느 때나 현재는 과거보다 불행하지 않습니다. 설령 외적으로 불행하다 하더라도 내적으로는 절대로 불행하지 않습니다.

　인간은 〈무無의 완전한 자각〉을 위해 이제까지의 부분적으로 자각된 무無의 총화를 이해하고 사랑하면서 끝까지 행동해야만 합니다. 보다 더 진보적이고 향상적이기 위해서는 보다 더 많은 희생과 고통을 필요로 하는 것입니다.

　비록 자기 세대에 무無의 완전한 자각이 이루어지지 못하더라도 인류의 영원성을 확신하고 충실히 행동해야 할 뿐입니다.

　무無의 자각과 그에 따르는 행동은 세월이 흐름에 따라 기하급수적으로 자각하고 행동하게 됩니다. 마침내 인류는 무無를 완전히 자각하게 되고 세상은 현세에서 열반이 됩니다. 무無의 완전한 자각은 끝까지 인류 전체지 개인은 아니며 열반은 세상의 부분이 아니라 전체입니다."

　"석우당, 그럴 수도 있겠습니다."

　"지허당, 끝내 완전한 긍정은 거부하시는군요."

　"석우당, 나는 열반에 있지도 않고 성인成人도 아닙니다. 토굴생활을 해야만 하는 한갓 중생일 뿐입니다. 석우당의 극히 낙관적인 인간의 가능성에 대한 개연적蓋然的인 추리推理에 만족할 만큼 나는 우둔하지 못합니다. 다만 우둔해지려고 노력하렵니다. 그럴 수도 있다는 개연성이 필연성으로 확신될 때까지 나는 나의 현명賢明과 싸우렵니다."

"역시 지허당답구려!"

회상
回想

"석우당, 알겠습니다. 저 역시 건강하시기만을 바랍니다."
고개를 끄덕이며 검은 이를 약간 보여 준 석우당은 돌아서서 떠나갔다.
우리들 사이에 '잘 있소, 잘 가오'라는 애끓은 이별사離別辭는 없었다.
석우당은 머리와 어깨 위에 눈을 쌓으면서
백설白雪을 숙명처럼 받아 쌓고 서 있는 거대한 나목들의 사이사이를
돌아 멀어져 가더니 끝내는 사라졌다.

제야除夜는 지났다. 이제 계묘년癸卯年 1963년이 조용히 다가왔다. 우리는 자리에 누웠다. 석우당의 비동성은 여전했다. 그러나 석우당의 비동성은 나의 귀에 거슬리지 않았다. 오히려 자장가처럼 나의 안면安眠을 도와 주었다.

내가 조반朝飯을 끝내고 부엌으로 들어가 나뭇길에 오르기 위해 지게 위에 도끼를 끼우자 꿀밤 솥에 물을 갈아 넣던 석우당이 평소 그답지 않은 청을 해왔다.

"지허당, 오늘은 저를 위해 쉬도록 해 주시지요. 오늘은 어쩐지 내리는 눈을 바라보면서 옛날 얘기를 하고 싶군요."

나는 의식적으로 아궁이 앞에서 바가지를 든 채 나를 쳐다보고 서 있는 석우당의 표정을 살펴보았다. 엷은 감회感懷가 흐르고 있음을 읽어낼 수 있었다.

"그럽시다."

우리는 방으로 들어왔다. 방문을 닫지 않고 뒤로 들어온 석우당은 나를 아랫목에 앉게 한 후 윗목에 앉아 눈 내리는 밖을 바라보면서 입을 열었다. 애상哀傷 짙은 음성이었다.

"지허당, 지금부터 꼭 십 년 전인 계사년癸巳年 1953년 정월 이십일도 이렇게 눈 내리는 날이었습니다. 전쟁은 4년째로 접어들었고 그 전쟁에 희생이 된 나는 육군병원에서 퇴원하자 오른발을 약간 절뚝거리면서 부산 시내로 들어갔었습니다. 선배들의 알선으로 곧 취직이 되었습니다.

보름 동안 고등학교에서 교편을 잡으면서 대학원에 진학하려던 내 계획이 자신도 모르는 사이에 취소되면서 학교로 향하던 발길이 엉뚱하게도 시가지를 벗어나 눈을 맞으면서 범어사로 향하고 있었습니다. 범어사에 날린 눈은 범어사에 쌓이듯이 범어사에 몸을 던진 나는 범어사에 주저앉게 되었습니다. 바로 십 년 전 오늘이었습니다.

지금까지도 나는 뚜렷한 입산동기를 찾아낼 수 없습니다. 같은 포탄에 맞아 숨져 가던 전우가 보여준 죽음 때문도 아니요, 교단에 섰던 나에게 가교사假校舍의 창 너머로 보이던 양지를 찾아 헤매던 전쟁고아의 일그러진 표정 때문도 아니요, 전쟁 때문에 깨져 버린 나의 학창시절의 꿈 때문도 아니었습니다.

대교로大橋路에서 활발한 나의 발걸음이 어째서 학교가 있는 영도影島 쪽으로 향하지 않고 동래東萊 쪽으로 향했던가가 문제일 뿐입니다. 그날 아침을 먹고 하숙집 대문을 열고 길에 나서니 가방을 든 학생과 바랑을 걸머진 스님이 나의 앞을 걷고 있었습니다. 학생의 걸음은 약간 빠르고 스님의 걸음은 약간 느렸습니다.

나는 무심코 그들의 뒤를 따라 걸었습니다. 전차길이 있는 큰길에 이르자 학생과 스님은 각자 정반대의 길을 걸었습니다. 나는 무심코 스님의 뒤를 따라 걷다가 비로소 내가 엉뚱한 길을 걷고 있음을 발견했습니다.

순간 나는 섬짓 놀라면서 뒤돌아섰습니다. 그 순간 학교길을 의식함은 보름 동안 길러온 조건반사條件反射 때문이었습니다. 나는 걸으면서 아까 보았던 학생을 찾아보니 보이지 않았습니다. 그 학생과 나 사이에는 너무 많은 사람들이 오가고 있었기 때문입니다.

나는 걸음을 멈추고 고개를 돌렸습니다. 내가 무심코 따르던 스님이 벌써 저만치서 사람들 사이사이로 가고 있는 것이 얼핏설핏 보였습니다. 순간, 나의 발길은 되돌려져 부지런히 스님을 따라갔습니다. 아무런 목적의식도 없는 나의 걸음발이었습니다.

내리던 눈 때문이었을까요? 눈 내리는 아침의 감상感傷 때문이었을까요? 여하튼 나는 그 스님의 뒤를 따라 범어사 일주문一柱門까지 갔고, 일주문에서 배회하다가 일주문 안으로 들어갔습니다. 도대체 아무런 인과율因果律이 서지 않는 나의 입산길이었습니다. 그러니까 스스로도 입산동기를 끝내 찾을 수 없습니다.

꼭 이유를 찾는다면 스님의 걸음이 학생보다 약간 느렸기 때문에 그때까지만 해도 약간 절뚝거리며 걷던 나의 느린 걸음이, 다른 하나의 느림의 걸음을 고통 없이 따를 수 있었기 때문이었을 겁니다. 나는 다만 나의 절뚝거리던 발걸음이 기연機緣이 되어 지금까지 십 년 동안 산간山間을 전전하면서 유리표박流離漂泊했습니다.

지허당, 발심發心 없이 산등에 몸을 얹은 나에게 있어서 모든 것은 끝내

비정非情하기만 했습니다. 계율戒律이 나를 속박하지는 못했으나 끝내는 속박하지도 않으려 했습니다. 그래서 나에게는 비인간非人間의 표상表象 같은 나태懶怠와 권태倦怠가 찾아왔습니다. 나태가 주름잡은 나의 외향은 병과 빈곤을 의미하며, 권태가 포박한 나의 내향은 번뇌와 망상이 도사리고 있음을 의미했습니다.

나는 끝까지 인간적이기를 원했습니다. 그래서 권태와 나태로부터 도피하여 해방되려고 했습니다. 나태로부터 도피하기 위해 나태의 온상溫床 같은 토굴로 들어갔고, 권태로부터 해방되기 위해 권태의 표본標本 같은 단조롭기만 한 기계적인 생활을 시작했습니다. 그러면서 나는 절대자의 괴뢰자보다는 인간의 노예를 원했습니다.

그러면서 스스로 지옥을 택하여 끝없는 업고業苦 속에서 배회했습니다. 그러한 나에게는 심판자審判者도 교훈자敎訓者도 친우도 없었습니다. 불안과 초조를 금치 못했던 나는 끝이 없는 미망迷妄 속으로 빨려 들어가는 듯한 절망감絶望感에 사로잡혀 몸부림을 쳤습니다.

그때 나를 파멸의 길에서 가까스로 구원해 준 것이 바로 그림자였습니다. 그림자는 어느 곳에도 따로 있지 않고 바로 나와 함께 있었으며 어떤 기능機能도 없이 나를 곧바로 구원해 주었습니다. 그림자를 의식한 나는 끝내 울지 않고 외로워하지도 않으려고 그림자를 붙들고 그림자처럼 묵묵히 나를 찾아보았습니다. 때때로 고독이 밀물처럼 걷잡을 수 없이 밀려올 때는 이를 악물고 더욱 더 나의 그림자를 힘껏 붙들었습니다. 아무런 기능도 없는 그 외로운 그림자를 말입니다.

지허당, 그러던 내가 스스로 그림자를 놓아버렸습니다. 바로 오늘 새벽이었습니다. 그 그림자가 어디로 갔는지 이제 나는 모릅니다. 알려고 하지도 않습니다. 알아야 할 필요성이 없기 때문입니다.

그러나 나는 알고 있습니다. 그림자의 본향은 바로 나며 나의 본향 또한 그림자라는 걸(體影不二). 지허당, 그림자는 곧 무無입니다. 나는 무로부터 구원을 받았을 뿐입니다."

아! 이 얼마나 가증스러운 영혼의 편력遍歷인가. 나는 온몸의 전율을 금치 못하면서 내심으로 감탄하지 않을 수 없었다. 나의 영혼은 질곡桎梏을 면치 못하고 있었기에.

한동안 침묵 속에서 눈 내리는 바깥 풍경을 바라보던 석우당이 다시 입을 열었다. 표정은 극히 맑았다.

"지허당, 인간에게 죽음이 주어진 것과 같이 저 아름다운 자연이 주어졌습니다. 인간은 충실히 자연을 계산計算하고 계량計量하고 측정測定하고 관측觀測하고 마지막에는 이용하여야 합니다. 그렇지 않으면 죽음이 인간을 덮어 버리기 때문입니다. 자연은 끝까지 세상의 편이며 세상은 끝까지 인간의 편입니다.

세상에는 많은 패배敗北가 있음에 틀림없지만 그러나 또한 승리가 차례를 기다리고 있음도 틀림없습니다. 지나간 날들을 회상回想해 보면 언제나 안락은 꿈이었고 고통만이 현실일 뿐이었습니다.

그러나 무위한 꿈을 저버리고 현실보다 더욱 고통스러운 토굴생활을 해왔던 우리들은 결코 고통에 얽매인 불행한 인간들은 아니었습니다. 비가 오고 눈이 오고 달이 뜨고 해가 지는 것을 막을 수 없는 것과 같이 우리로서는 막을 수 없는 고통스런 일들이었습니다. 그러나 모든 고통스러운 일들은 가치 있는 일들이었습니다. 우리를 지독히도 괴롭히던 몸살도 그리고 홍수도 눈사태마저도 가치 있는 일들이었습니다. 소멸消滅할 숙명宿命을 가진 어떠한 상황도 존재도 모두 필연적인 생성生成을 위한 불가피한 단계이므로 우리는 어떠한 상황하에서도 절망하거나 비관할 수는 없습니다.

그러므로 어떠한 상황과 존재라도 그 상황과 존재가 정당하다는 것은 마치 태양이 빛이라는 진리와 같은 것입니다. 필연적인 것을 절망하거나 비관해서도 안 되지만 맹목적으로 무위無爲하게 참고 견딜 것도 아닙니다. 적극 이해하고 사랑해야 할 것입니다. 세상은 분명 우리들의 편이지만 우리들을 이해하거나 사랑하지는 못하고 있습니다.

그러므로 우리가 세상을 이해하고 사랑할 수밖에 없습니다. 개개의 불행이 전체 일반의 행복을 만드는 것과 같이 개개인의 희생이 많으면 많을

수록 세상은 성인成人의 세계로 변할 수밖에 없습니다.

　우리는 참혹한 현실을 부정하는 절망적인 편에 서서 오류를 범하는 것보다는 참혹한 현실을 긍정하는 희망적인 편에 서서 오류를 범해야만 할 것입니다. 이상은 현실을 외면한 사람들의 것이 아니고 현실을 직시하고 현실에 참여하는 사람들의 것일 수밖에 없습니다. 행동 없는 이상은 그림 속의 태양과 같은 것입니다.

　우리는 성인成人의 세계를 멀리서 바라보지만 말고 성인成人의 세계를 구체적으로 그려야 할 것입니다. 자기희생을 필요로 하는 투철한 행동으로 말입니다."

　석우당의 입은 잠깐 닫혀졌다. 그러나 그의 눈길은 여전히 눈 내리는 바깥에 주어져 있었다. 잠시 후 다시 입이 열렸다.

　"지허당, 태어나자마자 살아야 할 권리가 주어지는 게 인간이라면 동시에 먹어야 할 권리가 주어져야 할 것입니다. 그러나 현재는 그렇지 못하는 타기惰氣 게으른 마음 상태에 지나지 않습니다. 그러니까 인간은 비극을 창조하고 있습니다. 그 무서운 비극은 잘 따지고 보면 먹어야만 하는 권리를 주장하는 데서 비롯한 것일 뿐입니다.

　이 비극을 종식終熄시킬 수 있는 유일한 길인 행동은 오직 근로일 뿐입니다. 근로는 가치의 생산이며 가치의 축적은 부富를 가져오며 부는 안녕과 행복을 약속해 줍니다. 인간의 선善인 가능성은 부로부터 계발啓發됩니다. 부는 뇌腦로부터 창조되는 것이 아니라 노동하는 손으로써 창조되는 것입니다. 신神을 설정하고 전쟁까지를 획책劃策하는 손은 인간을 채권자債權者로 등증登增케 하는 것입니다.

그늘에 앉아 정치백서政治白書를 들고 갑론을박甲論乙駁하는 정치가보다 햇볕 아래서 해머를 쥐고 땀 흘리는 근로자가 더욱 성인주의成人主義에 충실한 사람들입니다. 국가에 대한 충성과 부의 축적은 오히려 정치하는 뇌보다 노동하는 손으로써 가능한 것이니, 어쩌면 정치는 노동력을 상실당한 불구자나 노동력이 감퇴된 노년층에 맡겨야 할지도 모를 일입니다. 인간의 미덕은 지배와 복종에서보다 상호협조와 상호지지에서 온다는 것은 잔혹하리만큼 참(眞)입니다.

노동하는 손이야말로 상호협조와 상호지지의 절대적인 표상表象입니다. 노동하는 손에 충실하는 사람들에겐 위정자爲政者가 누구든 관여할 필요도 시간도 없을 뿐입니다.

햇빛 찬란한 낮에 생의 기반羈絆 굴레. 굴레를 씌우 듯 자유를 얽매는 일 같은 가부좌를 튼 채 선방禪房에서 면벽불面壁佛을 그리는 좌선보다도 도량 주변의 대지 위에서 그림자를 그려 가며 근로하는 행동이 바로 열반에 이르는 빠른 길일 것입니다. 근로하는 사람들은 인간의 불사不死를 의미하고 있습니다. 오늘날까지 이 세상에 존재했던 천재니 영웅이니 위인이니 성인聖人들이니 하는 사람들은 우리가 그리는 성인成人의 세계의 전경全景을 같이 그렸을 뿐이지 완성시키지는 못했습니다.

우리가 그리는 성인세계成人世界의 전가경全佳景은 우리보다 세상을 오래 사는 사람들이 언젠가는 틀림없이 완성할 것입니다. 오늘의 천재는 내일이면 평범한 사람이 될 수밖에 없습니다. 내일을 사는 사람들은 오늘을 경험하지만 오늘을 사는 사람들은 내일을 경험할 수 없기 때문입니다. 내일을 사는 건강한 사람들은 행복한 사람들입니다. 그들은 성인成人이 될 것이며, 그리고 그 세상에서 살기 때문입니다…….

지허당, 내 눈에 비치는 것은 모두 언젠가의 내일에는 반드시 이루어질 것에 틀림이 없는 인간의 복지福地인 성인成人의 세계를 위하여 존재하고 있군요? 눈을 내려주는 하늘도, 눈을 맞는 대지大地도, 그 속에서 얘기를 나누고 있는 우리도…….

세상은 끝까지 희망적일 뿐입니다. 인간도 끝까지 희망적일 뿐입니다……."

"지허당, 이제 저는 떠나렵니다. 너무 오래 쉬었나 봅니다."-석우당은 여기를 떠나는 날이 '성인주의'를 실천하는 날이라고 앞장에서 말했다.

"옛!"

나의 경악에 찬 발어사發語辭였다.

"심적深寂은 구름도 쉬어 가는 곳입니다. 쉬었던 구름은 어디론가 흘러

가서 대지 위에 자우慈雨를 안겨주면서 사라집니다. 난 쉬어 가는 구름의 생리를 이해하고 사랑하면서 이제 여기를 떠나렵니다."

"예!"

어느덧 나의 이해에 넘친 발어사發語辭였다.

석우당은 일어섰다. 댓돌 위에 나란히 놓인 두 켤레의 깜장 고무신 중에서 그의 것을 신었다. 신발은 옆이 찢어져 벌려 있었기에 칡으로 신발을 발목에 동여매고 있었다.

"석우당, 눈이 멎으면 떠나시지요, 매일 눈 오는 날은 아닐 테니까요."

"지허당, 그러나 떠나렵니다."

"고집은 여전하시군요."

"고집이 아닙니다. 눈을 맞으면서도 길을 떠나야만 하는 것이 바로 세상살이입니다. 눈은 오게 되어 있고, 세월은 멈추지 않고 앞으로만 가게 되어 있고, 사람에게는 해야 할 일들이 주어져 있습니다. 가뜩이나 이 짧은 인생에서 눈 오는 날과 비 오는 날을 제외해 버리면 사람들에게 주어진 일들은 언제 끝을 맺겠습니까.

눈 오는 날도 사람들은 먹어야 하니, 눈 오는 날도 사람들은 마땅히 일해야 합니다. 사람들은 눈雪에 마멸磨滅되는 종이나 흙으로 빚어진 게 아니라 일할수록 단단해지는 그래서 저 눈을 이겨내는 근육으로 만들어져 있습니다.

만약 눈 오는 날 일하지 않아 세상의 채무자債務者가 되어 돌아가는 사람들은 불행한 사람들입니다. 하지만 눈 오는 날도 부지런히 일하여 세상의 채권자債權者가 되어 돌아가는 사람들은 행복한 사람들이겠습니다."

나는 고개를 숙였다. 내가 부처님 앞에 고개 숙임은 나의 부족을 알기 때문이다.

신발을 단도리한 석우당은 우물로 가서 얼음 섞인 물을 마시고 내리는 눈 속에 서서 토굴 주위를 휘— 둘러보고 나서 부엌 앞에 서 있는 나에게로 다가와 작별의 손을 내밀었다. 그는 가볍게 웃고 있었다. 웃음을 보여 주는 그의 이齒는 3년 동안 꿀밤에 젖어 새까맣다 못해 파랗게 빛나고 있었다.

"지허당, 건강하시기만 바랍니다. 건강하신 지허당은 결코 영정影幀만을 그리지 않으리라 확신합니다."

"석우당, 감사합니다."

석우당의 손을 붙잡은 나의 손은 가볍게 떨고 있었다. 내 마음이 울고 있었기 때문이었다.

나의 손을 떨친 석우당은 토굴을 나섰다. 귀밑까지 덮은 수발鬚髮과 때에 전 누더기와 찢어진 신발을 걸치고 그는 껍질이 벗겨진 피나무 작대기를 지팡이로 짚었을 뿐이었다.

나는 배웅하기 위해 그의 뒤를 따라 걸었다. 그러자 그는 돌아섰다.

"지허당, 떠나는 사람은 접니다. 저는 언제나 어디서나 그리고 누구에게나 부장불영不將不迎해 왔습니다."

"알겠습니다. 더 나가지 않겠습니다. 그런데 가시는 향방을 물어도 괜찮겠습니까?"

"지허당, 오늘 아침 그림자를 놓아 버린 저는 이제 정처가 없습니다. 또 저는 무엇을 어떻게 해야 하겠다는 결심도 하지 않았습니다.

계획이 성취되지 못했을 때의 비애悲哀를 맛보고 싶지 않아서였습니다. 다만 저는 행동하려는 의욕만이 있을 뿐입니다. 그러면서 내심 바라는 것은 다시 그림자에 붙잡혀 또 다시 이곳으로 돌아오지 않는 것뿐입니다."

"석우당, 알겠습니다. 저 역시 건강하시기만을 바랍니다."

고개를 끄덕이며 검은 이를 약간 보여 준 석우당은 돌아서서 떠나갔다. 우리들 사이에 '잘 있소, 잘 가오'라는 애꿎은 이별사離別辭는 없었다.

석우당은 머리와 어깨 위에 눈을 쌓으면서 백설白雪을 숙명처럼 받아 쌓고 서 있는 거대한 나목들의 사이사이를 돌아 멀어져 가더니 끝내는 사라졌다.

이제 석우당은 이곳 심적深寂을 떠나 갔다. 나는 돌아섰다. 그의 피맺힌 손끝이 이루어 놓은 토굴도 조용히 내리는 눈을 숙명처럼 받고 있었다. 방안에 들어서니 석우당의 체취體臭가 물씬거렸다. 나는 걷잡을 수 없는 고독감에 사로잡혔다. 함수관계函數關係 두 변수, x와 y사이에, x의 값이 정해짐에 따라 y의 값이 정해지는 관계에서 x에 대하여 y를 이르는 말가 깨어졌을 때 하나의 변수變數가 갖는 감정이었다.

나는 눈 내리는 산천을 바라보면서 울부짖었다.

"석우당······."

나의 울부짖음이 눈의 사이사이를 뚫고 메아리로 퍼져 나갔다. 그러자 나는 문득 이곳 심적에 처음 오던 날 들었던 석우당의 나무 찍는 소리가 생각났다.

그러자 나는 부리나케 부엌으로 가서 지게를 짊어졌다. 석우당이 언어의 부덕不德을 탄탄歎하면서도 내게 들려주었던 수많은 말들보다도 그가 들려주었던 나무 찍는 소리가 나를 고독감孤獨感에서 해방시켜 주었다. 눈 속을 헤치며 나뭇길에 오른 나에게 고독 같은 것은 없었다. 나는 이미 화두를 붙들고 나도 모르는 사이에 나무에 기어올라 고사枯死된 가지를 찍어 내리고 있었다. '정말 그때 이미 조건반사條件反射의 포로捕虜가 된 난 우자愚者였을까, 현자賢者였을까······?'

석우당의 비동성鼻動聲이 없는 잠자리에 홀로 들었을 때, 나는 자장가를 몹시 그리워하면서 끝없는 공허감에 사로잡혔다.

　잠이 들어서야 끝났지만.

종언 終焉

나는 토굴에 마지막 나의 손길을 남기에 바빴다.
거적자리를 걷어내 방안에 끼이고 쌓였던 먼지를 말끔히 쓸어낸 후
거적을 다시 반듯하게 펴놓았다.
부엌 천장에 걸린 거미줄을 걷어내고 솥을 말끔히 닦고
절구를 깨끗이 손질하고 부엌바닥을 쓸어냈다.
함지박과 바가지를 엎어 두고 나의 발우는 싸기 위해 방으로 들여놓고
석우당이 남기고 간 발우는 솥 안에 넣어두었다.
나무바랑에 있던 지게와 도끼, 톱, 낫을 부엌에 들여놓고 마당을 쓸었다.

오늘 계묘癸卯년 2월 16일. 지난해 임인壬寅년 2월 16일은 춘분春分이었지만 올해 계묘년은 경칩이 지난 며칠 후였다. 내가 심적에 몸을 던진 지 꼭 일 년째 되는 날이었다. 그러면서 내가 심적深寂을 떠난 날이었다.

아침을 먹은 나는 토굴에 마지막 나의 손길을 남기기에 바빴다. 거적자리를 걷어내 방안에 끼이고 쌓였던 먼지를 말끔히 쓸어낸 후 거적을 다시 반듯하게 펴놓았다. 부엌 천장에 걸린 거미줄을 걷어내고 솥을 말끔히 닦고 절구를 깨끗이 손질하고 부엌바닥을 쓸어냈다. 함지박과 바가지를 엎어 두고 나의 발우는 싸기 위해 방으로 들여놓고 석우당이 남기고 간 발우는 솥 안에 넣어 두었다. 나무바랑에 있던 지게와 도끼, 톱, 낫을 부엌에 들여놓고 마당을 쓸었다.

불경佛經 원각경圓覺經은 "隨其心淨則佛土淨 心垢故衆生垢 心淨故衆生淨" 마음이 청정함을 따라 불토가 청정하고 마음이 더러운 까닭에 중생이 더럽고 마음이 깨끗한 까닭에 중생이 깨끗하다 이라고 가르치고 있지만 나는 정淨과 구垢를 분별하는 중생심衆生心 때문에 청소를 할 수밖에 없었을까? 아니면 그 역逆이었을까?

마지막으로 우물을 손질한 나는 세수를 하고 땅굴로 가서 마지막 남은 가사袈裟를 꺼냈다. 바랑까지 뜯어 누더기를 깁어버렸기에 가사와 발우를 칡으로 묶어 걸머졌다. 이제 나의 손으로 토굴 방문이 마지막 닫혀졌다. 헤진 신발과 발목을 칡으로 얽이매고 지닌 1년긴 나의 손때가 묻은 지게

작대기를 지팡이로 들었다.

나는 토굴을 한 바퀴 돌아본 후 마당에 서서 토굴 주위를 둘러보았다. 눈에 억눌려 추위에 얼어붙은 나무와 바윗돌들이 이제 막 떠오르는 햇빛을 받아 찬란히 빛나고 있었다. 이별의 정이 애처로웠다. 눈에 익어 정들었던 토굴 주변의 풍물들에게 무언의 작별을 눈길로 알렸다.

조용했다. 그리고 적요寂廖했다. 정말 깊이 조용했다. 문자 그대로 심적深寂이었다. 지난해의 오늘 들었던 석우당의 나무 찍어 내리는 소리도 들리지 않았다. 그대로 심적 속으로 내려앉았다.

나는 돌아섰다. 그리고 걸었다. 지팡이가 앞서 달렸다. 지팡이는 내가 눈 위에 만들었던 나뭇길을 따라 치달리다가 석우당이 남기고 간 족적足跡을 따라 내려달렸다. 나는 눈에 덮여 희미한 석우당의 발자국을 밟으며 걸었다. 무릎까지 푹푹 빠지는 눈길이었다.

'심적深寂' 골짜기를 내려와 개울을 건너니 발걸음이 가벼워졌다. 눈은 겨우 발목을 덮을 뿐이었다. 그러자 나의 발길은 더욱 빨라졌다. 이제까지 지팡이에 끌려오던 나는 지팡이가 달아나게 걸어 나갔다.

심적에서 뻗어 내린 구릉丘陵이 다하는 곳에 이르렀을 때, 나의 발길은 멈춰지고 나의 눈길은 어느 사실을 확인하고 있었다. 지난해 가을 시장길에서 보았던 찌그러져 가던 화전민 집이 서 있고, 그 집 앞에 있는 돌투성이 밭에 돌을 골라내고 있는 세 사람이 있었다. 두 사람은 60대의 화전민 부부였고 나머지 한 사람은 틀림없는 석우당이었다.

내가 걸음을 빨리하여 석우당에게로 향하자 바소쿠리지게에 얹는 싸리로 만든 삼태기. 소쿠리에 돌을 담던 석우당이 나를 알아보고 달려왔다. 우리는 다시 만났다.

"석우당, 건강하시군요!"

"지허당, 여전히 건강하시군요. 감사합니다."

나의 손을 잡은 석우당은 웃고 있었다. 까맣던 이가 약간 흰 빛을 보여주었다. 누더기는 보이지 않았다. 누덕누덕 기운 작업복을 입었고 작업화를 신고 있었다. 덥수룩한 머리도 수염도 없었고 그 대신 낡은 작업모가 씌워져 있었다.

"석우당, 잠깐 쉬었다가 하시지요."

"그러지요."

우리는 밭둑에 나란히 앉았다. 봄이 밀려옴을 알리느라 햇볕이 따뜻했다.

"지허당, 토굴을 나온 저의 발길은 이곳에서 멎었습니다. 찌그러져 가는 오막살이가 보였기 때문입니다. 오막살이 안에는 인생의 낙조落照 같은 육십대 노부부의 기한飢寒에 시달리는 슬프고 외로운 그림자가 그려져 있었습니다. 그래서 저는 그들의 슬프고 외로운 그림자가 지워질까 해서 일마

동안 여기 머물기로 했습니다."

"석우당, 세상에는 보다 큰 슬프고 외로운 그림자가 석우당의 손길이 닿기를 기다리고 있을 텐데요? 대어大魚는 대해大海로 나가야 하지 않을까요?"

"지허당, 저는 큰 고기도 아니지만 큰물을 바라지도 않습니다. 눈에 보이는 커다란 선善은 다투어 행하려 하지만 눈에 보이지 않는 조그마한 선善은 다투어 외면하려 합니다. 그런가 하면 눈에 보이는 커다란 악惡은 다투어 없애려 하지만 눈에 보이지 않는 조그마한 악惡은 그대로 방치放置하는 게 오늘날까지의 대부분의 인간입니다.

조그마한 선은 행할수록 큰 선이 되고 조그마한 악은 방치할수록 큰 악이 된다는 것을 알면서도 행하지 않으려는 소이는 인간악人間惡인 명리名利와 위선 때문이겠습니다.

그러나 지허당, 저 찬란한 빛을 던져 주는 태양은 선입니다. 태양은 내일도 또 내일도 떠오릅니다. 그러나 인간악은 내일, 그 언젠가의 내일의 태양 아래서 지고 말 것입니다. 인간악이 사라지는 그 내일은 오직 저 변함없이 떠오르는 태양과 그 태양 아래서 숨 쉬는 인간들의 것입니다. 우리는 너무 빨리 저 태양 아래서 살고 있을 뿐입니다. 하지만 현재로서는 어쩔 수 없는 일이지요. 마치 우리들의 운명처럼 말입니다. 이해하고 사랑할 수밖에 없겠습니다."

"끝까지 낙관적樂觀的이시군요."

"낙관이 아닙니다. 사실일 뿐입니다. 인간의 운명을 인간의 힘으로 개척해 본다는 인간적 의욕이 행동으로 발전했을 때의 인간에게는 결코 회색조灰色調의 비탄만이 깃들지는 않을 것입니다. 인간의 운명을 직시하면서 인간의 땅 위에서 부지런히 일할 때 인간은 자기 운명의 요리사가 되어 코발트 색조의 화사한 환희가 넘쳐흐르는 감미로운 생을 즐기게 될 것입니다."

"끝내 외따르고 안온한 양지에서 자족自足하려 하시는군요."

"지허당, 자족은 동물들에 통하는 기분일 뿐입니다. 만족滿足이야말로 인간만이 가질 수 있는 감정입니다. 어찌 제가 동물들에 통하는 자족을 택하겠습니까? 현재를 살고 있는 인간의 운명을 직시해 보면 만족되지 못한 세상에서 만족하지 못하는 인간이 살고 있을 뿐입니다. 이것이 인간고人間苦입니다.

그래서 저는 불만족不滿足을 끌어안고 불만족을 먹으면서도 결코 불만족을 배설하지 않으려고 노력하고 있습니다. 어떠한 고苦가 오더라도 고의 끝에 달고 오는 것이 선善이라면 저는 끝까지 용기로워지면서 바보처럼 감내하렵니다. 바보가 아니고서는 감히 할 수 없는 일을 꾸준히 그리고 용감하게 하렵니다. 그러나 끝내 저에게 던져진 보수報酬는 고苦뿐이라는 것도 잘 알고 있으면서 말입니다."

"석우당, 세상이 만족하지 않는 한 석우당은 만족하지 않는다는 뜻이군요."

"내가 살고 있는 세상에선 그럴 수밖에 없군요."

나는 일어섰다. 내가 석우당과 같이 밭에서 돌을 주위낼 수 없었기에 그의 시간을 더 빼앗을 수는 없었다.

"석우당, 언제까지 여기 계시렵니까?"

"가을이 끝날 때까진 이곳에 있을 것입니다. 나태에 쫓겨 기한飢寒의 다룸을 받던 저분들이 가을이 끝나면 오히려 나태를 쫓고 기한을 다루게 될 것입니다. 그럼 나는 또 부운浮雲처럼 흘러가다가 조그마한 선善이나 조그마한 악惡이 있는 곳에 머물게 되겠지요."

나는 석우당의 손을 덥석 잡았다.

"석우당, 떠나렵니다. 다만 건강하시기만을 바랍니다."

"지허당, 어디로 가시렵니까?"

"산으로 가렵니다. 그리고 좀 더 쉬렵니다. 저의 등에는 아직도 가사와 발우가 매달려 있습니다."

"지허당, 연상聯想 같은 몇 마디를 부언附言해야 하겠습니다. 〈행동은 끝까지 가치창조를 위한 근로입니다.〉 인간의 주위에는 가치창조를 기다리는 존재와 행위들로 가득차 있습니다. 열반도 성인聖人도 있기 훨씬 전에 말입니다."

"석우당, 두뇌로 생각되는 행동이 감각적으로 그리고 피부로 느껴질 때 다시 석우당을 찾겠습니다. 언젠가는 꼭 석우당을 다시 찾게 되리라 생각됩니다."

"역시, 지허당답구려. 감사합니다."

"석우당, 감사를 다시 감사로 되돌려드리기 위해 좀 더 정진하렵니다."

"지허당, 다만 건강하시기만 바랍니다."

우리는 손을 놓았다. 그리고 헤어졌다.

석우당은 밭으로 들어섰고 나는 길을 따라 내려갔다. 눈을 들어 앞을 바라보니 황지 너머 저 멀리 태백산이 보였다. 그리고 태백산 만경대에서 쉬고 있는 구름도 보였다.

나는 화두를 잡고 걸음을 빨리했다. 그러자 나의 지팡이는 부리나케 땅을 쪼아댔다.

해제

지허스님의 토굴일기
『사벽의 대화』를 읽고

김광식 | 동국대 교수

한국 근현대불교사에는 처절한 수행을 하고, 주어진 소임을 최선을 다해 살면서 밤하늘의 별빛과 같은 지성의 흔적을 남겨 놓고도 제대로 평가받지 못하는 수행자가 많다. 이를테면 대접받지 못하는 스님이 적지 않다. 무명의 용사와 같이 그들의 이름, 행장, 평가는 우리들의 시야를 벗어났다.

이런 스님 중에 한 사람이 이 책의 저자인 지허스님이다. 불교계에서 지허스님이라는 이름이 본격적으로 등장한 것은 1999년이었다. 「현대불교」는 1999년 1월부터 4월까지 15회에 걸쳐 1973년도의 『신동아』 논픽션 당선작이라는 해설을 붙인 지허스님의 「선방일기」를 연재하였다. 지허스님에 대한 분명한 행적은 소개되지 않았는데, 연재되는 동안 「선방일기」는 독자들에게 큰 호응을 받았다. 연재가 종료된 후 「현대불교」가 경영하던 출판사인 여시아문은 연재물을 묶어 『선방일기』라는 단행본을 2000년 2월에 출판하였다.

『선방일기』는 오대산 상원사 선방에서 겨울 동안거를 났던 지허스님의 일기이다. 간결한 문장으로 선방의 수행 장면, 선방의 풍습, 선방 스님들의 정서 등을 담백하게 묘사하였다. 이는 1960년대 후반, 한국불교계 및 선방 수행의 단면을 증언한다는 측면에서 수준 높은 수행일기이면서 기록성이 높은 논픽션 글이었다. 그래서 불교를 아끼는 많은 사부대중들이 이 책을 읽고 감동하였다. 불교를 좀 안다는 사람치고 이 책을 읽지 않은 사람이 없을 정도의 아주 귀한 책의 반열에 올랐다. 필자도 『선방일기』를 읽고 신선한 충격을 받았다. 그러면서 필자는 『선방일기』의 내용을 언제인가는 학술적으로 연구할 기회가 있지 않을까 하는 궁리를 하였다. 그런데, 이 책의 저자인 지허스님의 존재에 대해서는 누구도 구체적인 내용은 알 수 없는 형편이었다. 다만 서울대 출신의 스님이라는 말만 있을 뿐이었다.

2010년 8월, 필자는 요경스님의 동국대 박사학위 취득을 축하하는 자리인 서울 인사동의 한 식당에 갔다. 그런데 그날 모임에 참석한 연관스님_{전 실상사 화엄학림 학장}으로부터 뜻밖의 이야기를 들었다. 그것은 『선방일기』를 쓴 지허스님이 쓴 또 다른 글이 있는데 그 글의 제목은 「사벽의 대화」로서 1968년의 「대한불교」에 연재되었다는 것이었다. 연관스님은 입산 초기 시절, 「사벽의 대화」를 읽고 감명을 받았다. 그런데 연관스님으로부터 「사벽의 대화」의 내용을 전해들은 수좌인 환경스님은 「사벽의 대화」를 복사 제본하여 수좌들에게 나누어 주었다고 한다. 필자는 「대한불교」를 활용하여 논문을 쓰기도 하여, 그 신문을 자주 보아왔던 당사자로서 깜짝 놀랐다.

집으로 돌아온 필자는 그 다음 날 바로 「불교신문」의 전신인 「대한불교」를 열람, 확인하였다. 그랬더니 연관스님이 지적한 것과 같이 「대한불교」 1968년 3월 10일 자238호부터 동년 10월 20일 자270호까지 총 29회로 '知虛'라는 이름으로 신앙수기, 「사벽四壁의 대화對話」가 연재되었다.

필자는 지허스님의 글을 훑어보고, 출판하는 것이 좋겠다는 판단을 하였다. 그래서 인사동 모임을 갖기 하루 전날, 출판문제로 대화를 하였던 안성 도피안사의 송암스님에게 연락을 했다. 필자는 송암스님이 운영하는 출판사인 도피안사에서 학술서 3권『한국 현대선의 지성사 탐구』등을 출간해서, 송암스님과는 가깝게 지내던 터였다. 전후 사정을 이야기하니 스님께서 「대한불교」를 보고 난 이후 출간을 결정하겠다고 하였다. 그 다음 날 바로 스님에게서 연락이 왔는데, 도피안사출판사에서의 출간을 통지하면서 필자에게는 그 책의 해제를 맡아 달라고 부탁하였다. 이것이 필자가 이 책의 해제를 쓰게 된 전후사정이다.

그 이후 필자는 「선방일기」와 「사벽의 대화」를 쓰고, 기고한 당사자인 지허스님이 어떤 스님인가를 조사하기 시작했다. 그래서 우선 「현대불교」에서 「선방일기」를 처음으로 연재할 때의 소개 글1999. 1. 6을 찾아 읽었다. 그 글을 전재하면 다음과 같다.

후기 선방일기 제보 작가 이정범 씨

몇 달 전 불교관련 CD롬을 뒤적이다 우연히 '선방일기'를 발견했다. 김지허金知虛스님이 쓰신 것으로 원고를 발표한 두 해 뒤인 1975년에 입적하셨다고 한다. 서울대 출신인 스님은 탄허스님의 상좌로 열심히 수행하는 납자였다고 한다.

이 글은 1973년 『신동아』가 공모한 논픽션에 당선된 것으로, 당시의 선방 풍속과 지허스님의 내면 세계, 안거에 임하는 스님들의 모습이 파릇파릇 살아 있어 뜻있는 스님들 사이에서 사자상승師資相承되듯 읽혀 오고 있다.

실제로 범어사의 원로 지백스님께서는 『신동아』에 게재된 원고를 복사해 후학들에게 나눠 주셨는가 하면, 범어사 금강암 정목스님은 5년전 소책자로 만들어 약 5천여 부를 인연 있는 불자들에게 법보시했다고 한다.

그동안 안거중인 선방의 모습은 교계지는 물론 일반 매스컴에서도 이따금 다뤄 왔지만 그런 피상적인 접근과는 달리 선방의 내면 풍경을 일기

형식으로 직접 언급한 것은 처음 대하는 터라 약 250여 매의 원고를 읽는 동안 깊은 감동과 전율을 느꼈다. 굳이 무소유를 역설하지 않아도 당시 안거중인 스님들이 얼마나 청빈했는지 또 그만큼 내적으로 풍부한 살림을 꾸렸던 것을 눈으로 보듯 알 수 있었다. 그리고 지금 이 순간에도 전국의 제방선원에서는 동안거에 임하는 스님들이 무상보리를 위해 눈을 부릅뜨고 있다는 사실이 새삼 일깨워졌다.

일부 권승들의 사욕으로 불교권 전체가 풍전등화의 처지로 전락한 이때 뼈를 깎는 고행으로 최소한의 음식과 수면만으로 용맹정진에 임하는 많은 스님들을 상기해 처참하게 찢어진 마음의 상처를 다소나마 위로 받고 싶다. '선방일기'는 25년이 지난 지금이나 앞으로도 계속 빛이 날 문자사리文字舍利라 여겨진다.

아무쪼록 이 글을 읽고 불자들의 신심이 더욱 돈독해지길 발원한다.

위의 글을 읽은 후 필자는 동국대 도서관에 가서 지허스님에 대한 정보를 추가로 얻기 위해 1973년도 『신동아』를 찾았다. 그런데 의외의 내용을 접하였다. 그는 지허스님이 기고한 「선방일기」는 1973년 『신동아』의 논픽션 당선작이 아니라는 것이다. 그리고 기고, 수록된 『신동아』 2월호에도 기고자인 '金知虛'에 대한 일체의 내용이 소개되지 않았다는 점이다. 다만 「선방일기」는 1973년도 『신동아』 2월호에 단순 게재된 논픽션 글이었음을 알게 되었다. 보통 『신동아』는 해당 연도 봄에 논픽션 공모 공고를 하고 해당 연도 9월호에 당선작 1편과 우수작 2편을 발표해 왔다. 그래서 필자는 작가 이정범 선생을 어렵게 접촉을 하여 전후사정을 물었다. 그 원고를 어디서 입수하였고, 지허스님에 대한 일련의 이야기_{당선작, 서울대 출} _신 등를 어떻게 알았고, 『신동아』를 확인하였냐고. 그랬더니 원고와 서울대 출신이라는 것은 1997년 경 서울의 길상사에 잠시 머무른 적이 있는데, 그때 길상사에 거주하는 스님에게서 자료와 행적의 내용을 얻었고, 『신동 아』는 확인하지 못하였다고 고백하였다.

그래서 이런 착오가 나오게 되었다. 당시 연재를 하던 「현대불교」에서도 『신동아』를 확인하였으면 이런 실수를 하지 않았을 것이다. 그러나 당선작 이 아니라고 해서 「선방일기」가 갖고 있는 내용상의 가치, 위상이 변질되 는 것은 아니다.

서울대에는 불교학생들의 신행 단체인 법불회가 1958년 11월에 창립되 었다. 법대 학장이었던 서돈각 교수가 지도하는 모임이었는데 초창기에는 탄허·청담·광덕스님이 법문을 많이 해 주었다. 그래서 필자는 혹시 지허 스님이 법불회 출신이 아닌가 하고 자료조사를 해 보았으나 그의 출가동 기, 입산 사찰, 출가 은사, 수행 이력, 입적 등등에 대한 정보를 얻지 못했 다. 필자는 오대산의 탄허스님을 연구하고 있어 『방산굴 법어』의 탄허 문보門譜를 조사하고, 해당 문도스님들에게 물어 보았지만 지허 스님에 대한 정보는 얻지 못했다. 다만 탄허스님은 따르던 학승과 청년불자들이 많아서 월정사 밖에서 입실하였을 가능성을 들을 수 있었다.

한편, 탄허스님은 1956년부터 3년간 유불선을 공부하는 오대산수도원을 월정사에 열었는데, 탄허스님의 증언과 당시 월정사에 머물던 스님들의 회고에 수도생 중에는 대학생이 몇 명이 있었다는 내용이 있다. 필자는 오대산수도원에 대한 논문을 쓴 이력이 있어, 혹시 수도생 출신이 아닌가 하는 생각을 평소에 하였다.

「사벽의 대화」의 제반 내용을 보면 지허스님은 1957~1958년 무렵에 입산한 것으로 추정할 수 있다. 이로 미루어 보면 지허스님은 법불회가 창립되기 직전에 입산한 것으로 보인다.

그런데 「대한불교」에 연재되던 「사벽의 대화」의 제자題字를 쓴 당사자가 정광호로 나온다. 정광호는 근대불교를 최초로 연구한 인하대 교수 출신으로 지금은 퇴임하여 경기도 마석에서 집필생활을 하고 있다. 그는 1965년 12월부터 1970년까지 삼보학회의 『한국불교최근백년사』 편찬부의 간사로 있었다. 편찬부의 재정은 「대한불교」의 사장이었던 이한상이 맡았기에 편찬부 사무실은 대한불교사 내에 있는 방을 사무실로 썼다. 필자는 이런 사정을 알고 있기에 정광호에게 전화로 그 제자題字를 한 사정, 지허스님에 대한 정보를 물어 보았다. 이에 대해 정광호는 그 제자는 서경수교수의 부탁으로 했던 것으로 어렴풋하게 기억하지만, 지허스님의 존재에 대해서 아는 것은 전혀 없다고 하였다.

서경수는 서울대 종교과 출신으로 동국대 대학원에서 불교를 공부하였다. 그는 서울대와 동국대의 강사로 활동하면서도 백년사 편찬부의 일을 보았고, 「대한불교」 편집국의 주필로 있었기에 정광호는 지근거리에 있었다. 이런 사정을 볼 때에 서울대 출신이었던 서경수와 지허스님 간의 인연으로 「대한불교」에 연재를 하게 되었고, 서경수는 정광호에게 제자를 쓰도록 부탁한 것이 아닌가 한다.

그리고 당시 「대한불교」의 편집방침도 「사벽의 대화」가 연재될 수 있는 분위기를 제공한 것으로 보인다. 즉 1966년 2월 20일, 1967년 1월 22일의 「대한불교」를 보면 「대한불교」 편집국의 '투고 환영, 원고모집'이라는 공고문이 나온다. 이 공고문에 고승행장, 영험록, 수도기, 수행기, 안거기 등을 투고해 달라는 내용이 있다. 요컨대 이와 같은 편집부의 공고문이 지허스님이 「사벽의 대화」를 기고한 배경으로 볼 수 있다.

필자는 이와 같은 내용으로 2010년 10월 초에 해제를 완료하였다. 그런데 『사벽의 대화』 1쇄가 인쇄되던 무렵 10월 25일 해인사 선방에서 수행하였던 수좌인 환경스님으로부터 뜻밖의 전화를 받았다. 지허스님에 대한 몇 가지 새로운 정보를 전하는 연락이었다. 즉, 지허스님과 인연이 있는 스님이 있다는 것이다. 그 스님은 동화사 주지를 역임하고 지금은 칠곡의 극락사에 주석하는 지성스님과 봉화 축서사의 무여스님이라고 했다. 필자는 전화를 받고 나서 지허스님의 행적에 대하여 많은 모색을 하게 되었다.

그래서 『사벽의 대화』가 출간된 직후인 2010년 11월 5일, 필자는 대구 시내에서 지허스님의 사제師弟인 지성스님을 만나게 되었다. 그 결과 지허스님에 대한 새로운, 놀랄만한 정보를 입수할 수 있었다. 이런 정보는 지성스님이 1960년 무렵 해인사에서 지허스님을 처음 만나, 반룡사 대처승으로부터 경전금강경, 법화경, 화엄경 등을 함께 배우고 토굴수행도 같이한 인연에서 나온 것이었다. 그를 정리하면 다음과 같다.

첫째, 지허스님에 대한 기초적인 정보가 파악되었다. 즉 지허스님의 원래의 법명法名은 지혜知慧이었고, 지허는 필명筆名이었던 것이다. 지허스님은 현재 생존하였으면 77세 정도가 된다고 하는 것도 이번에 밝혀졌다. 세월이 무상하다는 것을 새삼 느끼게 하는 대목이다.

둘째, 지허스님의 입산 사찰은 월정사로 추정되었고, 지허스님의 은사는 혜진스님이었다. 금강산 장안사에서 출가한 혜진스님1908~1984은 평생을 수행하여 청빈한 수행자로 이름이 났는데, 1958~1959년에는 월정사의 총무 소임을 보았다. 그래서 그 무렵 오대산에서 입산을 단행하였던 지허스님이 월정사에 머물던 혜진스님을 은사로 해서 자연스럽게 출가한 것으로 보인다. 여기에서, 지허스님이 그 무렵 월정사에 있었던 대강백인 탄허스님으로부터 불교 및 동양철학에 대한 소양을 익혔을 가능성을 엿볼 수 있다. 그런 연유로 지금껏 지허스님이 탄허스님의 상좌로 소문이 나게 되었다고 보인다. 그렇지만 지허스님이 탄허스님이 주관한 오대산수도원에서 공부를 하였는지와 지허스님의 입산 시점은 단언할 수 없다.

셋째, 지허스님은 사찰에서의 대중생활은 거의 하지 않고, 선방 및 토굴에서의 수행을 위주로 한 수좌였다. 그러나 은사인 혜진스님이 1960년대 중반, 정암사 주지를 맡을 때에 지허스님도 정암사 총무를 잠시 맡았다고 한다. 그리고 축서사에서 수행을 할 적에는 지성스님과 같이 지내기도 하였다.

넷째, 지허스님은 서울대학교 상대를 다닌 적이 있다는 것이 밝혀졌다. 서울대 출신의 스님이라는 것은 사실이었던 것이다. 지성스님은 지허스님으로부터 자신은 서울상대 교수이었던 김도연의 제자라는 말을 직접 들었다. 그런데 어떤 연고로 입산, 출가를 하였는가? 이에 대해서 지성스님은 지허스님에게 들은 것이라면서 그 내용을 다음과 같이 피력하였다.

지허스님은 서울대 재학 중에 배구선수 출신의 이화여대생과 연애를 하였다. 지허스님과 그 여대생은 서로 아끼고 사랑하는 사이였다. 그렇지만 부유한 지허스님의 집에서 지허스님이 그 여학생과 사귀는 것을 반대하였는데, 연애 도중에 여학생이 결핵폐병에 걸려 해인사 약수암에서 요양생활을 하였다. 그러나 요양생활을 하던 여학생은 결핵을 이겨내지 못하고 그만 이 세상을 떠나게 되었다. 그러자 지허스님은 자신이 사랑하던 여학생이 갑자기 세상을 떠나자, 그 충격으로 인생에 대한 근원적인 회의를 가졌다. 지허스님은 그 직후 삶의 본질을 찾아야 하겠다는 결단을 하였는데, 그것이 입산의 계기이었다.

다섯째, 지허스님은 동서양의 철학에 대하여 아주 박식하였다고 한다. 특히 실존철학, 장자, 선에 심취하였으며 불경으로는 『반야심경』과 『화엄경』에 깊은 관심을 가졌다고 한다.

여섯째, 지허스님의 성격은 사색형이었지만 치밀하면서도 행동하는 실천력이 강한 스님이라고 한다. 그러기에 수년간의 토굴수행을 할 수 있었을 것이다.

일곱째, 지허스님은 뛰어난 문장가였다. 『선방일기』와 『사벽의 대화』를 읽어 보면 지허스님의 문장은 명쾌하고, 섬세하면서도, 호소력이 있음을 쉽게 파악할 수 있다. 그런데 지허스님은 논픽션, 사실에 근거한 문학에 깊은 관심을 가졌다. 그 실례로 지허스님은 『사벽의 대화』를 기고하기 직전인 축서사 시절에는 당시 유수한 일간지에서 주관하는 신춘문예에 좌우익 이념과 독립운동가의 소재가 결합된 소설 3,000매 분량을 제출하였다. 그러나 입선은 하지 못하였다고 한다. 이런 응모는 지허스님의 문장력, 상상력 등 인문학적 소양이 간단치 않음을 단적으로 말해 준다. 지허스님이 이런 작품을 만든 것은 그의 입산 이전 거주지인 순천에서 전개된, 이른바 여수 순천의 좌우익 대립으로 파생된 피비린내 나는 사건들이 지허스님에게 영향을 준 것이 아닌가 한다. 이런 점에서 『사벽의 대화』는 지허스님의 신앙수기임은 분명하지만 지허스님의 토굴생활 경험에 근거하면서도 상상력과 사유에 의해서 재구성, 재창조된 작품이라고 볼 수 있다.

여덟째, 지허스님은 1970년대 중반 무렵까지는 지성스님과 접촉하였으나, 그 이후에는 전연 소식이 없다고 한다.

이렇듯이 귀한 정보, 증언을 들은 필자는 뛰는 가슴을 주체할 수 없었다. 그 후 흥분된 마음을 추스르고 나서 축서사의 무여스님으로부터 지허스님에 대한 정보를 얻기 위하여 안개가 자욱한 11월 7일, 새벽 봉화행 버스에 올랐다. 무여스님은 1974년 대구시 앞산의 임휴사에서 지허스님과 한철을 같이 살았다. 가을 풍광이 수려한 축서사에서 무여스님에게서 들은 지허스님의 정보를 정리하면 다음과 같다.

첫째, 지허스님은 서울대 상대를 2학년 중퇴하였다고 한다. 이는 무여스님이 지허스님에게 직접 들은 이야기이다. 무여스님은 임휴사에 머물 적에 지허스님으로부터 자신의 이름이 지허라고 발언한 것을 들었다. 이는 원래의 법명은 지혜이었지만, 「사벽의 대화」가 연재될 때부터는 지허스님으로 불리워진 것으로 추측케 한다. 출가 동기에 대해 무여스님은 발심 출가는 아닌 것 같다고 증언했다. 이 점은 지싱스님의 승언과 유사하다.

둘째, 지허스님의 고향은 휴전선 이북의 철원이라고 한다. 38선 이북의 철원인 고향에서 지허스님은 유년시절에는 한탄강에서 수영을 하고, 스케이트를 자주 탔다. 그리고 서울로 유학을 와서 휘문고등학교를 다니기도 했다. 이런 내용은 지허스님의 집안이 부유하였음을 단적으로 말해 준다. 남북이 분단된 이후, 지허스님은 스님 생활을 하면서도 고향에 대한 향수가 가득했다고 보인다. 그래서 지허스님은 고향의 향수를 달래기 위해 고향 근처인 철원의 심원사 주지를 잠시 지내기도 하였다. 하여간 고향에 대한 그리움, 집념이 남달랐다고 한다. 이런 점을 미루어 보면 지허스님의 고향은 38선 이북의 철원이었는데, 격변의 민족사지주계층의 탄압 등로 인해 지허스님의 가족은 남쪽으로 내려와 순천에서 거주한 것이 아닌가 한다. 무여스님도 지허스님에게서 순천 이야기를 조금 들었다고 한다.

셋째, 지허스님은 자신의 분신과 같은 「사벽의 대화」와 「선방일기」를 갖고 다니면서 스님들에게 소개하였다. 지허스님은 그 두 작품을 오려서 갖고 다녔다. 지허스님이 무여스님에게 읽어 보라고 주자, 무여스님은 이틀간 그를 읽었던 것이다. 그리고 무여스님은 지허스님으로부터 「사벽의 대화」와 「선방일기」를 쓴 인연을 들었다.

우선, 「사벽의 대화」는 지허스님이 「대한불교」 편집국장주필으로 있었던 서경수교수와 대화를 하던 중, 서울대를 조금 다닌 서울대 출신이라고 하니깐 서경수교수가 아주 좋은 반응을 보인 산물이라는 점이다. 서경수교수는 지허스님이 서울대 출신이라는 것을 알게 되자, 지허스님에게 글을 써 달라고 부탁했다. 서경수교수로부터 글을 쓸 것을 권유받자, 심적 토굴에서의 수행을 근거로 하여 쓴 것이 「사벽의 대화」가 되었던 것이다. 그리고 「선방일기」는 1960년대에 상원사에서 한 철 수행한 것을 바탕으로 하여 쓴 것이라고 하였다.

넷째, 지허스님의 은사는 동성스님내장사 조실이라고 하였다. 이 점은 지성스님의 증언과 다른 내용이다. 동성스님은 2011년 1월 104살의 일기로 입적한 고승으로 오대산 상원사에서 입산하셨다. 동성스님은 오대산 한암스님의 회상에서 수행을 하였기에, 무여스님의 은사 즉 한암스님의 손주 상좌이었던 희섭스님과 친근하였다. 그래서 희섭스님이 주지로 있었던 임휴사에 동성스님이 자주 왔고, 이런 연고로 지허스님이 임휴사에 머물렀던 것으로 보인다. 이런 연고로 희섭스님은 지허스님을 상좌처럼 여겼고, 다정하게 '지허'라고도 불렀다. 이런 점을 유의하면 지허스님이 언제인가 동성스님을 법사法師로 모신 것이 아닌가 한다. 그렇지만 지허스님의 은사 및 법사, 입산 시점, 입산 사찰 등등에 대한 내용은 후일을 기다려 확정해야 할 것이다.

다섯째, 지허스님의 거취나 입적 등에 대해서는 분명한 증언이 없었다. 다만 무여스님은 1974년 이후 지허스님이 세속에 새로운 인연이 만들어져서 퇴속한 것으로 추측하였다.

여섯째, 지허스님은 철학에 관심이 많았고, 문필력이 있었다고 무여스님은 증언하였다. 다만 무여스님은 지허스님으로부터 대단한 느낌은 받지 못하였고, 전통적인 '스님 노릇'은 잘한 것은 아니었다고 회고하였다. 그리고 지허스님은 무여스님에게 「사벽의 대화」에 나오는 범어사 출신 석우스님에게 심취하였다고 고백하면서, 석우스님을 대단한 스님으로 평가하는 말을 하였다. 그래서 「사벽의 대화」라는 글을 쓰게 되었다는 결정적 동기를 무여스님에게 전했다. 여기에서 필자는 범어사 출신 석우스님에 대한 탐구가 필요함을 판단했다. 필자의 집요한 탐구심은 새롭게 싹트기 시작했다.

무여스님을 만난 직후, 필자는 봉화 금봉암의 고우스님도 지허스님과 인연이 있다는 말을 들었다. 그래서 환경스님의 안내를 받아 11월 11일, 금봉암에서 고우스님을 만날 수 있었다. 고우스님은 1964년에 우연히 축서사에 들러서 3일간 머물렀는데, 그때 지허스님을 만났다. 그 당시는 지혜스님으로 불렸다. 약간의 대화를 하였는데 대학을 다녔다는 말을 들었고, 작가 지망생이라는 느낌을 받았다고 한다. 그리고 지허스님이 「동아일보」와 「조선일보」의 신춘문예에 작품을 많이 응모하였다고 한 발언을 기억한 고우스님은 지대방 소문을 통하여 지허스님이 심원사 주지를 맡았다는 것을 그 이후에 들었다. 고우스님은 그 짧은 만남을 통해서 지허스님의 특이한 처신, 파격적 행동이 기억에 남아 「불교신문」에 연재될 때에 그 작가가 당신이 만난 지혜스님임을 대번에 알게 되었다고 한다. 금봉암을 떠나 환경스님의 토굴인 만회암萬灰庵으로 가는 도중에 필자는 많은 생각을 하였다. 촉촉이 내리던 가을비는 필자의 상념을 재촉하였다.

그 후 12월 초순, 『사벽의 대화』의 발간을 주도한 송암스님으로부터 「사벽의 대화」에서 지허스님의 상대역으로 나오는 석우스님을 만났다는 현몽스님을 소개받았다. 그래서 현몽스님과 전화로 접촉하게 되었다. 현몽스님은 지허스님에 대한 나름대로의 조사를 하고 있는 용주사 출신의 수좌 출신 스님이었다. 그 요지는 다음과 같다.

현몽스님은 입산 초기 시절인 1965년에 계룡산 갑사 인근에서 석우스님을 만났다. 그 지역은 수행터인 토굴이 많은 지역이었는데, 갑사 인근의 여관에서 우연히 만났다. 그 당시 석우스님은 현몽스님에게 자신은 범어사 출신으로 고등학교에서 교편을 잡다 입산하였다고 고백하였다. 석우스님은 이상적인 발언을 많이 하였고, 조계종에 대해서는 경멸적인 비판 발언을 많이 하였다고 한다. 현몽스님은 석우스님이 그 시절에는 곡차를 많이 하였는데, 현재 살았으면 속납으로 80살 초반쯤 되었을 것이라 하였다.

이런 정보를 통하여 필자는 석우스님이 실존하였던 스님임을 분명하게 파악하였고, 석우스님은 사람의 냄새가 나는 스님이었음을 느낄 수 있었다. 그날의 이야기는 이러 하였다.

필자는 이런 배경과 정보를 갖고 「사벽의 대화」를 읽어 보았다. 그 내용과 성격을 대별하여 제시하면 다음과 같다.

첫째, 이 수기는 지허스님이 강원도 정선군 고한읍 고한리에 위치한 정암사에서 20여 리 떨어진 토굴인 '심적深寂'이라는 곳에서 1962년 봄부터 1963년 봄까지 1년간의 수행기록이다. 정암사는 월정사 말사로, 신라의 고승 자장율사가 부처님 사리를 보관한 수마노탑이 있는 절이다. 그래서 5대 적멸보궁으로 이름이 높은 사찰이다. 지금도 정암사가 위치한 함박산의 산 중턱에는 심적암이라는 암자가 있다.

둘째, 이 수기에는 지허스님이 토굴에서 혼자 수행을 한 것이 아니라 범어사 출신 수좌인 석우라는 스님과 공동 수행을 한 내용이 세밀하게 묘사되어 있다. 이전에 공개되어 출간된 『선방일기』가 공적인 선방에서의 일기라면, 이 일기는 은둔된 수행처의 대명사인 토굴이라는 공간에서의 수행기록이다. 때문에 수기에는 지허스님과 석우스님의 대화가 주된 내용으로 나온다.

셋째, 이 수기에는 『선방일기』를 쓰기 이전의 지허스님에 대한 행적, 고뇌, 수행에 대한 정서를 파악할 수 있는 내용이 다수 나온다. 그러나 지허스님은 이 수기에서 자신의 수행기록, 은사에 대한 편린을 소개하면서도 자신의 존재에 대해서는 베일에 싸이게 하였다. 다만 해인사 강원의 입방 포기, 반룡사고령에서 대처승에게 50일간 화엄경을 배운 내용, 지리산 토굴로 가기 직전 은사의 발언, 축서사 안거, 백석산대화의 토굴 수행, 한산사 체류 등등이 간략히 나온다.

넷째, 이 수기에 나온 지허스님과 석우스님의 대화는 수준이 깊은 불교 철학의 내용이 상당하다는 것이다. 두 스님들의 대화 소재는 존재, 자연주의, 구도, 화두, 위선, 도, 양생, 여래, 그림자, 정신과 육체, 우주, 변증법, 인간의 가능성과 한계성, 실존, 인간적, 죽음, 장자, 중론, 아트만, 열반, 반야, 마하반야바라밀, 성인成人과 성인聖人, 신격화와 인격화, 휴머니즘, 성인주의成人主義, 부조리, 허무, 시간과 공간, 자연법칙, 사랑, 보살, 무와 공, 절대적인 무, 절대적인 유, 무의 자각, 완전한 긍정, 발심, 계율, 고독, 현실, 절망, 근로, 희생, 행동, 낙관, 인간고, 만족과 불만족 등이었다. 그리고 이런 대화에는 서구의 실존철학의 냄새도 상당함을 느낄 수 있다. 즉 불교와 서양철학의 접목, 아니면 제3의 길을 모색하는 모습도 가늠할 수 있다.

다섯째, 이 수기를 통하여 우리는 1960년대 수좌계의 단면, 불교 지성인의 고뇌 등을 가늠해볼 수 있다. 흔히 1960년대는 불교정화운동의 일단락통합종단 등장, 대처승과의 갈등, 불교 근대화, 재 정화 추구, 승려와 신도의 갈등 등을 역사적 사실로 떠올린다. 그러나 이 수기에 나온 대화에는 당시 불교계 일각에서 고뇌하는 지성적인 스님이 적지 않았음을 은연 중 알려 준다.

여섯째, 이 수기에는 토굴생활의 정황이 눈에 선하게 나온다. 이런 토굴생활은 작금의 토굴과는 전연 이질적이다. 수행을 위함이 아니라 피신과 안일의 성격을 띠고 있는 지금의 토굴은 이 수기에서 손립할 수 없다. 토굴 주식은 도토리 가루, 반찬은 무와 소금 혹은 곰취나물, 방안은 가마니와 흙벽, 나무하기 등등이 토굴생활을 대변한다. 특히 된장국 냄새로 발동된 식욕을 차단하였다는 이야기는 감동을 발한다. "최소한의 육체적 조건에 응하면서 최대한의 정신적인 개발을 도모해 보려는 게 토굴생활의 필요성"이라는 석우스님의 발언은 진지하다.

일곱째, 이 수기의 대화 내용에는 불교의 진리와 삶을 조명하는 촌철살인寸鐵殺人과 같은 어록이 다수 나온다. 예컨대, 상相이 있는 구도求道는 이미 구도가 아니고 구도를 빙자한 한갓 위선에 불과하다, 포식飽食은 인간을 죽이고 다사多思는 정신을 죽인다, 이념 없는 현실은 맹목이며 현실 없는 이념은 공허할 뿐이다, 인간은 한계성인 현실과 가능성인 이상의 양면적인 존재이다, 업보소생의 과보인 생사윤회가 진리이다, 인간을 이해하고 사랑하려면 인간이 몸을 담은 자연을 사랑해야 된다, 인간을 이해하고 사랑하려면 자기희생이 필요하고 자기희생은 자기를 이해하고 사랑할 때에 비로소 가능하다는 등등의 발언은 깊은 사색과 고뇌를 거친 산물이다. 여기에서 지허스님의 지성적 면모가 뚜렷하다.

'유야무야有也無也'라는 화두를 잡고, 토굴에서 정진을 거듭하던 지허스님이 화두를 타파하였는지, 입적으로 열반의 세계로 갔는지는 알 수 없다. 그러나 「사벽의 대화」에는 그의 고뇌, 구도열, 진정성이 절절하게 배어

난다. 각처의 선방에서 화두를 잡고 수행하는 수좌와 토굴에서 일로매진 하는 수행자들은 지허스님의 고뇌와 사유를 한번쯤은 되새겨 볼 일이다. 불교를 사랑하는 사부대중의 필독을 권한다.

 필자의 이 글이 「사벽의 대화」에 대한 직접적인 해제를 벗어나서 지허 스님의 탐구 보고서가 된 감이 없지 않다. 그러나 이런 내용이 「사벽의 대 화」와 지허스님을 보다 진지하게 이해할 수 있는 디딤돌이 될 수 있다고 본다. 진실은 영원하고, 험한 세상을 헤쳐 나갈 수 있는 힘도 진실임을 굳 게 믿으면서 지허스님에 대한 폭 넓은 탐구, 분석을 언제인가는 하겠다는 약속을 독자들에게 하면서 이만 글을 마친다. 낙엽이 졌다. 지허스님에 대 한 신비, 소문, 억측을 덮으려는 듯이 눈이 내린다.

김광식 법명 만암卍庵, 호는 지허止虛

건국대 사학과를 졸업하고(문학박사) 독립기념관 책임연구원, 부천대 초빙교수, 조계종 불교사 연 구위원, 백담사 만해마을 연구실장 등을 역임하였다. 현재 동국대 연구교수로 있다.
한국불교사를 연구하면서 『한국근대불교사연구』, 『한국현대불교사연구』 『민족불교의 이상과 현 실』 『한국 현대선의 지성사 탐구』, 『우리가 만난 한용운』, 『춘성』 등 20여 권의 책과 150여 편의 논문을 집필했다.

평론

철저한 '구도求道'와 '보살정신'의 실천

장영우 | 동대대학교 문창과 교수

심우도의 과정과 무관치 않아

『사벽의 대화』 원판에는 '지허스님의 신앙수기'란 부제가 붙어 있다. 이 문구는 이 글의 저자와 장르를 알려주는 지표지만, 굳이 그것을 의식할 필요는 없다. 해제를 쓴 김광식의 성실하고도 집요한 추적에 의해 상당 부분 새롭게 밝혀진바 대로, '지허知虛'는 이 책 저자의 필명이며 이 책의 장르 또한 순전한 사실적 기록물documentary이라기보다 허구적 요소를 가미한 문학적 작품으로 보는 게 옳을 듯하다.

그것은 이 책의 구성이나 표현이 대단히 치밀하고 문학적으로 상당한 수준에 올라 있다는 점으로 충분히 입증할 수 있다. 뒤에 좀 더 자세히 설명하겠지만, 이 책의 구성은 자아의 본성本性을 찾아 수행하는 과정을 열 단계로 나눠 보여주는 '심우도'와 무척 혹사酷似하다. 이와 관련해 이 글 화자의 상대역 이름이 '석우石牛'인 것도 예사롭게 보이지 않는다. 김광식의 추적에 따르면, 석우도 실존인물이라 하지만 허구적 인물이어도 상관없으며 오히려 허구적 인물일 때, 이 글의 주제가 보다 뚜렷해진다. 요컨대, 이 책을 지허가 강원도 정암사의 토굴土窟 '심적深寂'에서 '석우'를 만나 함께 용맹정진하며 깨달음에 이르는 과정을 기록한 것으로 본다면, '석우'는 말 그대로 자아의 본성을 뜻하는 '소(牛)'의 비유적 상관물이라 할 수 있다.

따라서 『사벽의 대화』는 단순한 선방일기나 수행기가 아니다. 전체 10장으로 이루어진 이 책의 구성은 심우도의 과정과 무관하지 않아 보이며, 지허와 석우 등 두 수행자가 주고받은 대화 또한 매우 지적이고 세련된 불교 담론으로 이들의 깨달음의 단계가 상당히 높은 수준에 이르렀음을 알려준다. 이 책이 주변사람들에게 회자될 수 있었던 가장 큰 원인은 두 수행자의 극한에 가까운 토굴생활의 상세한 재현과 불교적 주제에 대한 논리적 분석방식에서 찾을 수 있다.

실제로 석우의 일상은 참다운 토굴생활이 어떠해야 하는가를 알려주는 모범적 사례이다. 그는 왼종일 먹을 것과 땔감을 찾기 위해 산속을 헤매고 밤에는 '꿀밤도토리'을 다듬으며 간혹 지허와 대화를 나누는 일 외엔

거의 무관심하거나 초월한 듯한 태도를 보인다. 이를테면, 이 책에는 석우가 어느 일정한 시간에 참선을 하거나 기도를 하는 장면에 대한 묘사나 설명이 없으며, 그가 육신을 가리기 위해 걸친 것은 옷이라 부르기 어려울 정도의 누더기에 지나지 않는다. 그는 나름대로의 규율에 따라 일하고 먹고 잠잔다. 그는 '심적'을 떠나기 전 지허에게 "햇빛 찬란한 낮에 생의 기반羈絆같은 가부좌를 튼 채 선방禪房에서 면벽불面壁佛을 그리는 좌선보다는 도량 주변의 대지 위에서 그림자를 그려 가며 근로하는 행동이 바로 열반에 이르는 빠른 길"이라며 '노동'과 '실천'의 중요성을 강조한다. 실존주의의 영향을 받은 것으로 보이는 이러한 행동주의는 참선 그 자체를 부정하는 게 아니라 벽돌을 갈아 거울을 만들려는 겉치레 좌선에 빠진 일부의 그릇되거나 안이한 풍토에 대한 통렬한 비판으로 보아야 할 터이다. 그런 점에서 이 책은 올바른 참선이나 수행에 관심을 가진 사부대중 모두에게 지남指南이 될 만한 요소를 두루 갖추고 있다.

이 책에 등장하는 지허와 석우, 두 인물에 대한 실존적 정보는 해제에 잘 서술되어 있다. 그에 따르면 이 두 인물은 6·25 이후 출가하였고 대학 교육을 받았을 뿐만 아니라 피아노를 연주할 정도의 문화적 교양을 갖춘 인텔리 계층이다. 지허의 법명은 '지혜知慧'로 월정사에서 혜진스님을 은사로 출가했다는 설과 동성스님 상좌라는 설이 공존하여 어느 것이 올바른 정보인지 확실하지 않다. 하지만 그가 문학에 관심이 많아 중앙 일간지

신춘문예에 여러 차례 응모한 경력이 있다는 전언은 그럴듯한 사실로 여겨진다.

『사벽의 대화』에서 산견되는 문학적 표현이나 적확하고 미려한 문장, 그리고 책 전체의 구성 등은 상당한 문학적 수련이나 소양을 갖춘 사람이 아니면 구사하기 어려운 것들이다. 그러나 지허가 잠시 사귀던 이화여대생의 죽음 때문에 출가했다거나, 석우가 실존인물로 곡차를 즐겼다는 전언은 말 그대로 소문에 불과할 뿐이며, 이 책을 읽는 데 별다른 장애가 되지 못한다. 이 책은 그 장르적 성격과 상관없이 서슬 퍼런 두 수도자의 목숨을 건 수행과정을 평이하고 진솔하며 감동적인 언어로 전달하고 있으며, 그것만으로도 우리에게 커다란 위안과 희망을 주기 때문이다.

허구인 소설, 얼마나 감동적인가!

『사벽의 대화』를 사실의 기록이 아니라 일종의 허구로 보는 이유는 다음과 같다.

이 책의 중심서사는 '지허-석우'의 만남과 헤어짐의 구조로 이루어져 있는데, 처음부터 마지막 순간까지의 사건이 거의 극적 요소로 구성되어 있다. 사람과 사람 사이의 만남과 이별에는 워낙 극적인 요소가 많이 개

입되게 마련이지만, 지허와 석우의 그것은 특별한 의도[주제]를 위해 고안된 문학적 장치device로 밖에 여겨지지 않는다. 일종의 '법거량法擧揚'으로 볼 수 있는 두 사람의 대화가 성인주의成人主義의 실천이라는 대주제를 구현하기 위해 정교한 언어와 치밀한 논리로 시종하고 있는 것도 이 글이 직접 체험의 사실적 나열이 아니라는 사실을 말해준다. 또한 이 글의 저자가 상당한 문장력과 문학적 감수성을 갖추고 있다는 사실은 책 곳곳에서 확인할 수 있다. 가령 이 글의 화자가 '심적'을 찾아가는 장면의 "오를수록 산은 가팔라졌고 냉기는 더했다. 비탈에 쌓인 눈들은 겨우내 토끼새끼 한 마리 굴리지 못해 무료하던 차에 잘 되었다는 듯이 나를 엎어뜨리고 미끄러뜨리고 뒹굴게 하는 것이다"와 같은 구절은 글쓴이의 문학적 감각과 재능이 상당한 경지에 이르렀음을 말해주는 보기로, 이 책 어느 곳을 들춰도 쉽게 발견할 수 있는 문학적 표현들이다.

  이 글을 허구로 보는 가장 근본적인 이유는 서사의 전개가 심우도의 그것과 매우 유사하다는 점에 근거한다. 잘 아는 대로, 심우도는 인간의 본성을 찾아 수행하는 단계를 동자童子나 스님이 소를 찾는 것에 비유해 그린 그림으로, 중국 송나라 곽암廓庵이 처음 그렸다는 설이 유력하다. 심우도는 '8목우도牧牛圖', '10목우도', '12목우도' 등 세 가지가 전하는데, 이 가운데 '10목우도'가 가장 널리 알려져 흔히 '십우도十牛圖'라 불리기도 한다. 곽암의 십우도는 잃어버린 소를 찾아 나섰다가 소를 발견하고 잡아끌어 마침내 자아와 소가 하나가 되고, 마지막에는 애초의 일상으로 되돌아가는 과정을 그린 것으로 우리나라 각 사찰 벽화에 두루 모사되어 있다. 심우도의 열 단계는 1. 소를 찾아 나서다(尋牛), 2. 자취를 발견하다(見跡) 3. 소를 보다(見牛) 4. 소를 얻다(得牛) 5. 소를 기르다(牧牛) 6. 소를 타고 집에 가다(騎牛歸家) 7. 소는 잊고 사람만 있다(忘牛存人) 8. 사람과 소를 모두 잊다(人牛俱忘) 9. 근원으로 돌아가다(返本還源) 10. 저자로 가 손을 드리우다(入鄽垂手)인데, 『사벽의 대화』 10장이 이와 정확히 일치한다고 하기는 어렵지만 그 전개 양상은 매우 유사하며 일부분 대응되는 게 사실이다. 무엇보다 이 글의 화자 '나' 즉 '지허'가 '심적'에 가 석우를 만나고 마지막에 그곳을 떠나는 과정은 심우도의 처음과 마지막 단계와 거의 일치한다고 보아도 크게 잘못이 아니다. 이런 점에서 석우는 매우 다양하고 복잡한 의미망을 지닌 존재로 부각된다. 그는 지허의 도반이면서 스승이며, 지허가 찾고자 하는 자아의 본성, 즉 내면의 자아로 심우도의 '소'에 해당하는 다의적 존재인 것이다.

『사벽의 대화』를 눈 맑은 두 수좌의 치열한 용맹정진 수행기가 아니라 허구적 작품으로 본다고 하여 이 책의 의미와 무게가 감퇴되는 것은 아니다. 문학이 비록 허구의 양식이긴 하지만 독자에게 실제 체험담보다 훨씬 큰 감동과 영향을 미친다는 점은 묵직한 부피의 동서양 문학사가 단적으로 증명해준다. 서사 양식은 실제 경험과 허구적 요소를 적절히 융합함으로써 직접 체험의 주관적 오류나 하중에서 벗어나 보다 유쾌하면서도 진지한 방식으로 삶의 의미를 되새기게 한다. 이 책의 독자가 작중인물들의 지독할 정도로 철저한 토굴생활에 대한 연민이나 두려움을 느끼기에 앞서 약간의 서정적 낭만에 젖어드는 것은 전적으로 이 글의 문학적 성향 때문이다. 그러면서 이들의 삶을 긍정하고 모범으로 삼으려는 마음을 갖게 되고, 그들의 대화에 깊이 빠져들어 공감하고 비판하는 것도 이 책이 수행기로서의 진정성을 담보하고 있기에 가능한 일이다. 이 책에서 지허와 석우 두 수좌가 주고받는 대화도 일반적 토굴생활 또는 선방 풍속과는 판이한 면을 보여준다. 우리에게 알려진 수좌들의 수행은 묵언이거나 일정한 경지에 오른 이들만 알아듣는 선문답이 일반적인데, 여기서는 하나의 주제를 놓고 치열하게 토론하는 방식으로 전개되어 참신한 충격을 준다. 이런 대화 방식도 허구적 양식이기에 가능한 것이라 보인다.

일 년 동안 토굴에서 용맹정진한 수행 기록

『사벽의 대화』는 지허와 석우 두 수좌가 함박산의 '심적深寂' 토굴에서 1년 동안 용맹정진한 수행의 기록이다. 그러므로 이 글에는 두 수도승의 토굴생활의 실제가 사실적으로 묘사되어 있어 커다란 충격과 감동을 준다.

지허가 처음 찾은 '심적'의 외양은 '원시인의 혈거를 겨우 면했을 뿐'인 방 두 칸과 부엌 한 칸의 흙집이다. 싸리로 만든 방문에만 간신히 종이를 발랐을 뿐 방바닥엔 가마니가 깔려 있고, 부엌엔 함지박 두 개, 바가지 두 개, 쇠발우 한 벌, 소금 함지, 나무 절구통과 숟가락 두 개, 그리고 먹을 것이라곤 꿀밤도토리 열 가마와 무 두 접뿐인 단출하다 못해 적빈赤貧에 가까운 살림이다. 지허가 방부를 들이던 날 석우가 그에게 대접한 음식도 꿀밤가루와 날무, 소금이 전부였고, 그러한 식생활은 겨우내 특별히 달라지지 않는다. 주식인 꿀밤가루는 일 년 내내 거의 변하지 않고 부식이 계절에 따라 산나물이나 버섯 등으로 바뀔 뿐 철저히 자연에서 채취한 식물로 섭생하며, 소금을 제외한 일체의 양념이나 조미료도 섭취하지 않는다. 그럼에도 불구하고 지허와 석우의 하루 일과는 땔감과 주부식을 얻기 위한 노동으로 바쁘다.

  조반朝飯이 끝나자 꿀밤 솥에 불을 지펴 놓고 나무하러 갔다. 생목벌채生木伐採는 금하고 고사목枯死木만 채취하는 게 불문율로 돼 있어서 한낮이 돼서야 겨우 한 짐 할 수 있었다. 점심을 먹고 꿀밤 솥에 물을 갈고 불을 지펴 두고 또 나무하러 갔다. 나뭇길에서 돌아오니 석양이 우리들의 토굴을 황금색으로 물들여 주고 있다. (62쪽)

얼핏 보면 두 사람의 일과는 오직 먹고 자는 일에만 집중되어 있는 것처럼 보인다. 이들이 이처럼 먹을 것과 땔 것을 찾아 왼종일 산속을 헤매는 까닭은, 소채류를 재배하지 않고 산에서 자생하는 것만으로 먹거리로 삼으며 죽은 삭정가지만으로 일년의 반이 겨울인 산속 토굴에서 한기를 견뎌야 하기 때문이다. 그들이 하루에 먹는 꿀밤의 양은 고작 발우 두 개 분량이지만, 도토리는 가을에 잠깐 주워 일년을 먹어야 하고 봄부터 가을까지는 나물과 버섯 등의 부식을 구하기 위해, 그리고 산속의 혹한을 견디기 위한 땔감마련으로 종일 헤매야 하는 것이다. 봄이 되어 지허가 채소를 기르자고 하자 석우는 토굴생활의 의미를 "욕망을 완전히 탈피하진 못하더라도 적어도 외면만이라도 해보려고 우리 스스로가 울타리"를 친 것으로 설명하며 "미각味覺은 곧 욕망"임을 설파한다. 여기에서 보듯 지허와 석우의 토굴생활이 처음부터 원활하게 이루어지는 것은 아니다. 석우는 지허가 토굴에 온 첫날 지난 겨울을 어떻게 보냈는가를 묻고, 다음날 지허가 '심적'에서 한철을 나겠다고 하자 지난 가을 자신이 겪은 이야기를 들려준다. 석우는 '작위作爲/부작위不作爲', '유위有爲/무위無爲', '유루有漏/무루無漏' 등 법률·도교·불교 용어를 섞어가며 지허의 지난 겨울 토굴생활이 "상相이 있는 구도"였고 "한갓 위선에 불과"했음을 냉철하게 지적한다. 그러나 지허가 그 말을 제대로 이해하지 못하는 듯하자 자신과 함께 생활했던 수좌의 얘기를 들려주어 재차 지허의 분발을 촉구하고 나선 것이다. 『사벽의 대화』에서 지허와 석우의 관계는 철저히 먼저 깨달은(先覺)자와 그 뒤를 잇는(後繼) 자, 또는 엄격하고 자애로운 스승과 성실하고 심지 굳은 제자 사이로 설정되어 있다. 실제로 지허의 하루 일과는 석우와 똑같이 행동하는 것으로 그려지는데, 땔감 구하기부터 꿀밤까기에 이르기까지 지허는 항상 석우를 따라하지만 그에 미치지 못한다. '심적'에서 생활한지 일주일되던 날 지허는 낙상하여 이마가 깨지고 볼이 찢어지는 상처를 입는다. 그 광경을 본 석우는 "고행은 자기 학대가 아니라 자기 위주", 곧 "양생養生이 바로 고행"이라는 독특한 수행관을 제시한다. 그럼에도 지허가 깨닫지 못하고 또다시 다리를 다쳐 돌아오자 '한단지보邯鄲之步'와 '서시지빈西施之嚬'의 중국 고사를 동원해 "자성을 무시하고 인간의 작위에 성명性命을 맡기는 자는 언제나 허위에 사로잡히기 마련"임을 역설한다. 결국 석우는 지허의 행동이 자신의 본성에 따른 것이 아니라 석우의 흉내내기에 불과하다는 점을 간곡하면서도 단호한 어조로 지적한 것이다.

지허와 석우의 일상은 '양생養生'을 위한 최소한의 의식주로 한정된다. 그들의 양식은 도토리와 산나물 등이고, 걸친 의복은 "무명과 광목 천 조각들로 이리 기우고 저리 기운 누더기"이며, 신발 또한 "칡으로 얽은 찢어진 고무신"이 전부다. 그들도 처음 '심적'에 들어올 때는 번듯한 가사와 장삼, 속옷을 지니고 있었고 신발도 제 구실을 했으나 주부식과 땔감을 찾기 위해 산속을 헤매는 동안 누더기가 된 것이다. 바뀐 것은 그들의 의복만이 아니라 식성마저 변해 오랜만에 황지 시장에 간 지허는 된장국 냄새에 "창자가 뒤집히면서 구역질"을 느낀다. 석우는 이런 일에 익숙한 듯 더덕을 씹으며 견딘다. 석우와 지허의 이런 일상적 삶은 선가의 전통적 토굴생활의 관습을 가장 엄격하게 지킨 사례라 할 만하다. 가령 『무소유』로 널리 알려진 청정비구 법정法頂은 "단신으로 사는 출가 수행승의 경우, 자기 자신에 대한 관리가 소홀하면 자칫 주책을 떨거나 자기도취에 빠지기 쉽다"고 경계하고 있으며, 신라 고승 원효 또한 "높은 산과 솟은 바위 / 지혜론 이 살 곳이요 / 깊은 산골 푸른 숲은 / 닦는 이의 처소로다. / 나무 열매 풀뿌리로 / 주린 배를 위로하고 / 맑은 샘과 흐르는 물 / 마른 목을 적셔주네"라 하여 수행자의 청빈한 삶을 구체적으로 적시하고 있다. 토굴생활의 어려움은 아무런 제약이나 간섭 없이 혼자 생활하기 때문에 자칫하면 나태와 타락의 나락으로 빠지기 십상이다. 지허가 토굴생활을 하겠다고 산문을 떠날 때 그의 은사가 간절하게 부탁한 것도 바로 그 점이었던 것이다.

"토굴은 사중寺中 생활과 달라 아무런 제약이 없는 곳일세. 그래서 투철한 신심과 발심이 없는 수좌는 타락하기가 십중팔구일세. 하지만 무용無用의 용用에 입각하여 무제약無制約의 제약制約을 자득自得할 수 있다면 기필코 견성見性할 걸세. 토굴은 자칫 나태심의 온상이어서 해이심이 기적처럼 찾아오는 곳일세. (129쪽)

토굴생활의 어려움은 그것을 체험한 선객들이 한결같이 경계하는 일이다. 이를테면 당대의 선승이었던 효봉曉峯 1888~1966도 토굴생활은 첫째, 모든 역순경계에 있어서 동정일여動靜一如가 되도록 스스로 공부에 힘을 얻은 득력자인가. 둘째, 오직 결사정신決死精神으로 용맹정진할 발심 납자인가. 셋째, 명안종사明眼宗師나 득력한 도반이 함께 하는가의 조건이 갖추어지지 않으면 "자기도 속고 남도 속이는 귀굴鬼窟"에 빠지는 것에 다름 아님을 강조한다. 그런 점에서 지허가 독거생활의 나태와 타락의 함정에 빠지지 않을 수 있었던 것은 전적으로 석우라는 뛰어난 도반이자 스승을 만났기 때문이다. 그는 석우를 따라 먹을 것과 땔감을 구하며 인간의 육체적 한계성을 극복할 수 있었고, 그와의 대화를 통해 정신적 가능성을 추구할 수 있었던 것이다.

성인聖人과 성인주의成人主義

지허가 '심적深寂' 토굴에서 석우를 만나 인간의 '한계성/가능성'에 대한 강론을 들으며 서서히 그에 동화되어 가는 서사의 전개는 '심우尋牛'에서 '득우得牛'에 이르는 과정과 많은 점에서 유사하다. 석우는 지허의 토굴생활을 허락하면서 "나를 찾는 동안 양생養生해야 하며 양생하는 동안 수

신"할 것을 여러 차례 강조한다. 그에게 토굴생활은 최소한의 육체적 조건에 응하면서 최대한의 정신적 계발을 도모하는 방법이고, 인간의 육체적 한계성을 정신적 가능성으로 극복하기 위한 최선책이다. 여기서 석우가 말하는 인간의 '한계성'이란 인간이 생존하기 위해 기본적으로 먹고 배설해야 하며 죽음으로부터 벗어날 수 없는 근본적 조건을 가리킨다. 이와 함께 '가능성'은 인간은 철저히 인간에서 출발해 인간으로 끝난다는 인식, 다시 말해 인간은 신으로 상승할 수도 없고 동물로 전락할 수도 없는 '인간'일 뿐이라는 것이다. 이러한 인식태도는 모순되는 것처럼 보이지만 궁극적으로 무신론적 인간주의로 귀결된다는 점에서 의의를 인정받는다. 인간이 '인간'일 수 있는 것은 먹고 배설하며 살다가 죽는다는 실존적 의식과 함께 '인간'으로서의 완성을 이루기 위해 끊임없이 노력하는 태도에 있다는 석우의 주장은 사후세계나 신성神聖을 내세우는 현실종교와 근본적으로 변별된다. 실제로 그는 싯다르타와 예수가 완전한 인간을 지향하다가 사후세계나 신성성이란 관념을 창조하는 오류를 저지른 것으로 규정한다.

성인聖人이라 불리는 싯다르타나 예수는 성인成人을 지향志向하다가 열반과 하나님을 창조한 오류를 범했던 인간들입니다. 그들은 땅 위에 성인成人의 세계를 세우지 않고 하늘에 신의 세계를 세운 인간들입니다. 낮에는 햇빛이 밤에는 달과 별빛이 가득한 저 하늘에 때때로 구름이 비와 눈으로 변하여 흩뿌리다가 그리곤 어디론가 흘러가는 공허한 저 하늘에 그들은 신의 세계를 창조했을 뿐입니다." (140-141쪽)

인간의 '한계성/가능성'에서 시작된 석우의 사상은 '성인聖人/성인成人'의 구분을 거쳐 '성인주의成人主義'로 향해 나아간다. 그에 따르면 석가나 예수는 인간이지 신이 아님에도 불구하고 현실에서 이상理想을 실현하려다 실패하자 하늘이란 비현실적 공간과 신神이란 허구적 존재를 설정하여 인간의 '한계성/가능성'을 부정 초월했다는 것이다. 석가와 예수를 완전한 인간(成人)이나 신적 존재로 숭앙하는 게 아니라 신이란 개념을 창조해 그 배후에 숨은 특별한 인간(聖人)일 뿐이라고 주장하는 석우의 관점은 불교는 물론 기독교적 시각에서 볼 때 도저히 수용하기 어려운 것이어서 논란의 여지가 많다. 석우의 관점에 의하면, 석가나 예수는 인간을 죽음의 고뇌에서 벗어나게 하려고 자신을 희생하였으나 성인成人이 되지 못하였기 때문에 열반이니 천국이니 하는 관념을 내세웠고, 인간들은 그들이 내세운 영생불사에 매료되어 종교를 만든다. 그런데 불교와 기독교가 원래의 정신에서 벗어나 현세와 내세의 행복을 추구하는 기복적 성격이 강조되는 오늘날 석우의 주장은 나름대로의 설득력을 인정받을 수 있다. 그는 내세의 구원이나 극락왕생을 바라기보다 현재의 삶에 충실해 자신의 본성을 찾고 어려움에 고통 받는 이웃에 따뜻한 관심을 보여 도와주어야 한다는 점을 역설하고 있는 것이다.

석우가 지향하는 '성인成人'은 자의적이든 타의적이든 신격화神格化된 '성인聖人'과 달리 우리와 똑같이 인간의 '한계성'과 '가능성'을 동시에 가진 인격화된 존재로, 하늘 비현실적 세계이 아닌 땅 현실에 복지福地를 건설하려 노력해야 한다. 그러기 위해서는 예전의 '성인聖人'이 범한 오류를 반복하지 않고 그들이 '성인成人'을 지향하며 개척한 길을 곧바로 가야 한다. 과거의 '성인聖人'이 '성인成人'이 될 수 없었던 이유는 그 시대에 '성인成人'의 소양이 없었거나 바탕이 마련되지 않았고 그들에게 주어진 현실에서의 삶이 짧았기 때문이지만, 그들의 경험과 지혜를 창조적으로 활용하면 언젠가 '성인成人'이 출현할 것이며, 그때의 '성인成人'은 석가나 예수와 같은 한 개인이 아니라 인류 전체가 될 것이라는 석우의 논리는 인간에 대한 근본적인 애정과 신뢰를 바탕으로 한 것이어서 큰 감동을 준다.

많은 경험이 어른으로 만들 듯이 흐르는 세월과 함께 살아오면서 성인成人을 지향하여 노력해 온 인간의 경험에 의한 결정들이 쌓이고 쌓여서야 비로소 성인成人이 세상에 군림할 수 있습니다. 역사는 반복합니다. 그러나 절대로 무위無爲한 반복은 하지 않습니다. 경험이라는 인간의 미덕, 즉 성인成人의 소양을 산출합니다. 현대는 성인成人을 맞이할 준비가 완료되어 있지 않습니다. (143-144쪽)

석가를 모범으로 삼되 그를 맹목적으로 추종하지 않고 자기만의 깨달음의 세계를 추구하고 실천하겠다는 석우의 신념은 '부처를 만나면 부처를 죽이고 조사를 만나면 조사를 죽이라(殺佛殺祖)'는 선가의 가르침에서 한 치도 벗어나지 않는다. 또한 "오늘 이 세상에서 어떠한 참상이 일어나고 있다 해도 오늘은 절대로 어제보다는 불행하지 않"으며, "인간의 창조성은 오늘의 개성에 있지 어제의 개선이니 내일의 개선에 있지 않다"는 언명은 '일일시호일日日是好日'의 '지금-여기'에서의 순간에 최선을 다하라는 가르침과 일맥상통한다. 말하자면 석우는 선가에서 대체로 금기로 여기는 분석하여 이해하는 방식(知解)을 통해 불교의 정수에 도달하고 있는 것으로 보인다. 이러한 석우와 지허의 대화가 '이심전심' 또는 '교외별전'이란 말로 요약되는 깨우침의 전통적 방식과 매우 이질적인 것은 사실이지만, 그만한 경지에 이르지 못한 일반 독자들이 이해하기에는 상당한 도움이 되는 점은 부정하기 어렵다. 석우는 석가도 이르지 못한 '성인成人'의 단계에 자신은 오를 수 있다는 오만을 부리지 않는다. 그는 자신이 살고 있는 지금 이 순간에도 '성인成人'이 도래할 준비가 마련되지 않았음을 알면서도 그 길을 가고자 한다. 과거의 경험과 그를 토대로 한 현재의 체험은 인간에게 지혜를 선물하고, 자신은 도달하지 못하더라도 후손을 위해 노력하는 희생은 창조성으로 발현되어 마침내 인간을 이해하고 사랑하게 된다는 석우의 주장은 궁극적으로 인간과 자연의 자연스러운 공존공생 논리로 나아간다. 그의 자연관은 인간의 필요와 노력에 따라 적절히 자연을 활용하자는 것이어서 생태주의와 대립하는 것 같지만, 그의 토굴생활이 실증하듯 자연을 파괴하거나 훼손하지 않는 범위에서의 자연 활용이므로 전혀 문제될 게 없다.

지허와 석우의 대화는 마침내 '죽음'과 '허무'라고 하는 근원적 주제를 향해 나아간다. 지허가 계절의 변화에서 무상을 말하자 석우는 "무상하니 즐거운가? 슬픈가?"고 따져묻고, "다만 허무할 뿐"이라 답하자 연이어 "허무를 증오하느냐? 사랑하느냐?"고 끈질기게 추궁한다. 이에 지허가 "증오하지도 사랑할 수도 없고 다만 허무하게 바라볼 뿐"이라 답하자 단호하게 "그건 인간의 모독冒瀆이요, 인생의 반역反逆이요, 자신의 중상重傷"이라 일갈한다. 왜냐하면 무상을 허무하게 인식하는 순간 인간은 자기 내부의 인간성을 상실당하기 때문이라는 것이다. 그의 논법에 따르면 허무는 죽음과 죽음에의 과정, 변화와 변화에로의 과정을 보고 느끼는 감정일 뿐 실체가 아니며, 죽음에 대한 공포는 자기염오自己厭惡의 기우杞憂와 열등의식의 자학自虐에서 오는 자기공포의 신경질환에 불과한 객체적 사상事象이어서 주체성이 결여되어 있다는 것이다. 그는 죽음이 시체라면 묘지는 허무라고 비유하면서 궁극적으로 죽음과 허무는 동일함을 일깨운다. 죽음이 인간에게 가장 커다란 공포이며 무서운 적인 까닭은 인간의 완성을 위한 노력과 희생을 방해하고 저해하는 것이 바로 죽음이기 때문이다.

석우에 따르면 석가나 예수가 '성인聖人'의 반열에 머물 수밖에 없는 근본적 이유도 그들에게 주어진 삶이 너무 짧은 데서 기인한다. 죽음은 인간이 선택할 수 있는 게 아니라 '주어진 것'이므로 그에 저항하거나 대결하려 해서는 안 된다. 오히려 죽음을 긍정하고 그에 순종하되, 인간의 완성을 위한 노력을 죽는 순간까지 멈춰서는 안 된다는 게 '성인주의成人主義'의 결론인 셈이다.

허무와 죽음을 이해하기 위해서는 인간과 자연을 이해해야 한다는 석우의 논리는 우주 삼라만상은 생성과 소멸을 영원히 반복하므로 생사윤회를 절대적 진리로 받아들일 수밖에 없으나, 인간에게는 자연법칙을 인식하는 능력과 그를 최대한으로 이용하려는 불멸의 의지가 있으므로 미래의 가능성에 희망을 가질 수 있다는 주장으로 나아간다. 인간은 죽음을 두려워하지만 실제로 인간에게 가장 무거운 형벌은 죽음이 아니라 '불사不死'라는 그의 논리는 서구의 시지프스 이야기와 유사한 면을 보이기도 한다. 그러나 죽음은 끝이 아니라 시작이므로 죽음을 보고 허무를 생각할 게 아니라 죽음의 필연성을 인정하고 현재의 가능성에 충실해야 한다는 그의 주장은 '날마다 제일 좋은 날'이란 선구禪句의 오의娛義와 정확하게 일치한다. 이렇듯 죽음을 인정한 인간이 할 수 있는 유일한 일은 인간과 자연을 사랑하는 것으로 그 행동은 필연적으로 자기희생을 담보로 한다. 그러한 자기희생이 보살정신의 실천인 것은 두말할 필요조차 없는 일이다. 결국 석우가 여러 논리와 예증을 거쳐 지허를 깨우쳐주고자 한 핵심은 자비와 보살정신의 실천인 것으로 드러난다.

소크라테스의 문답법?

지허와 석우의 대화가 '무無'에 대한 치밀한 논증으로 귀결되는 것은 이제까지의 대화 주제의 전개로 보아 지극히 자연스러우면서 타당한 수순이다. 두 사람의 대화는 시종일관 지허가 화두를 꺼내면 석우가 집요하게 그 근본까지 파고들어 해답을 제시하는 형식으로 이루어진다. 하지만 마지막 대화는 석우가 제야除夜를 보내며 짐짓 감상에 젖은 듯하자 지허가 일체가 무無인데 아쉬워하고 돌아볼 게 뭐 있느냐고 반문하면서 본격적인 문답과 토론으로 이어진다. 이러한 광경은 소크라테스의 문답법을 연상시키기도 하거니와, 마지막 문답에선 석우가 일방적으로 무無에 대해 강론을 펼치는 점이 다르다. 석우는 무와 유의 관계를, 한쪽에서 죽음을 맞이한 자의 신음소리가 들릴 때 다른 한쪽에선 갓 태어난 아이의 울음소리가 들리는 것으로 비유한다. 요컨대, 이 세상은 현존재가 다른 존재로 모양을 바꾸는 형식을 통해 영원히 지속되는데 그것은 마치 무가 유를 필요로 하고 유가 무를 필요로 하는 것과 같다. 무와 유의 관계는 대립적이 아니라 보완적인데, 무를 이해할 때 비로소 유 존재를 긍정할 수 있기 때문이다. 그것은 죽음의 필연성을 인정할 때 지금 내가 살아 있다는 사실의 위대함을 더욱 절실히 느낄 수 있는 것과 마찬가지다. 그러므로 현재의 나를 이해하고 사랑하며 나의 완성을 위해 철저히 노력하고 희생하는 것은 결국 나의 죽음을 긍정하고 그에 순응하는 태도와 그의 실천에 다름 아니다. 일부 기복종교가 비판받아야 하는 까닭도 그것이 내세의 행복이나 구원을 빙자하여 현세를 부정하거나 멸시하기 때문이다.

석우의 사상은 한 마디로 철저한 현실주의·행동주의로 이해할 수 있다. 그는 죽음과 허무를 이해하기 위해서는 인간과 자연을 이해해야 하는 것처럼 무를 이해하기 위해서는 사랑해야 하며 사랑하기 위해서는 무를 자각해야 하는데, 무의 이해는 지혜로, 무의 사랑은 의지로, 무의 자각은 행동으로 가능하다며 구경적으로 인간의 실천이 가장 중요함을 역설한다.

투철한 행동은 끝까지 진보적이며 향상적입니다. 투철한 행동은 끝까지 인간의 연대성連帶性과 책임감責任感을 필요로 하는 인간적인 것입니다. 그렇기 때문에 무無는 일 개인이 자각할 수 없습니다. 인류 전체가 동시에 자각할 수밖에 없습니다. 불교의 지향점이기도 합니다. (170쪽)

무의 자각이 한 개인에 의해 이루어지는 게 아니라 인류 전체에 의해 가능하다는 논리는 과거 성인聖人들의 희생과 노력을 바탕으로 지속적으로 실천하면 언젠가 이루어진다는 낙관적 전망에서 기인한다. 그것은 마치 이천오백년 전 석가의 가르침이 오늘날 수천만의 신도를 확보한 사례에서 실증적 근거를 마련할 수 있을 듯하다. 하지만 이런 근거는 현실낙토의 완성이 얼마나 지난하며 오랜 세월을 요구하는가를 반증하는 것이기도 하다. 그럼에도 불구하고 석우는 "인류의 영원성을 확신하고 충실히 행동해야 할 뿐"이라고 단언한다. 그리고 그는 자신이 어떤 기연機緣에 의해 출가했으며 토굴생활의 권태와 나태에서 어떻게 해방되었는가를 간단히 고백한 뒤 하산하겠다고 선언한다. 그에 따르면 욕망에 사로잡힌 인간의 비극을 종식시킬 수 있는 유일한 방법은 노동이며, 선방에 앉아 좌선하는 것보다 도량 주변에서 노동하는 것이 보다 빨리 열반에 이르는 길이다. 그는 토굴생활을 통해 자신의 깨달음을 굳힐 수 있었고, 그것을 확신하자 긴 휴식을 끝낸 뒤의 홀가분한 마음으로 속세로 내려가 자신의 깨달음을 적극적으로 실천하려는 것이다.

석우가 떠난지 달포만에 지허도 '심적'에서의 토굴생활을 마감한다. 그것은 지허가 '심적'에 온지 꼭 일 년째 되는 날이라고 서술되어 있다. 만 1년의 토굴생활을 마치고 하산하던 지허는 뜻밖에 석우가 화전민 노부부와 함께 있는 것에 놀란다. 토굴을 나선 석우의 눈에 제일 먼저 띈 것이 "인생의 낙조같은 육십대 노부부의 기한에 시달리는 슬프로 외로운 그림자"

였고, 그들을 위로하기 위해 얼마간 머물기로 했다는 석우에게 지허는 '대어대해론大魚大海論'을 들어 의아해하지만, 정작 석우는 "눈에 보이는 커다란 선은 다투어 행하려 하지만 눈에 보이지 않는 조그마한 선은 다투어 외면"하는 인간의 위선과 명리욕을 지적하며 "어떠한 고苦가 오더라도 고의 끝에 달고 오는 것이 선善이라면 저는 끝까지 용기로워지면서 바보처럼 묵묵히 감내"하겠다고 다짐한다. 석우의 철저한 행동주의에 감복한 지허는 하산을 포기하고 다시 산으로 돌아가 더 쉬겠다고 다짐한다. 어쩌면 석우는 지허의 때이른 하산을 예견하고 화전민 집에 머물며 마지막 순간까지 그를 깨우쳐주려 했는지 모를 일이다. 이런 점에서 석우는 지허에게 가장 엄격하며 자애로운 스승으로, 옛 이야기로 전해오는 관음보살의 화신인지 모를 일이다.

『사벽의 대화』는 지허와 석우 두 수좌의 철저한 토굴생활에 대한 상세한 보고이면서 두 사람이 도달한 깨달음에 대한 논증의 기록이다.

그러나 다른 관점에서 보면, 이 글은 지허의 벽관 수행의 허구적 기록으로 볼 수 있다. 벽을 바라보며 자신을 찾는(壁觀) 독특한 수행법은 달마 이후 선문禪門의 중요한 전통이 되어 지금까지 계승되고 있다. 『신심명信心銘』에서 "거울 속에 비친 것을 좇으면 실체를 잃는다(隨照失宗)"고 하여 외부 현상을 통해 진실에 도달하려는 방법의 한계를 지적하면서 "그대들 스스로 돌이켜 볼 것(爾自返照看)"을 강조한 것도 이와 관련된다.

거울은 사물의 외관을 좌우가 다르게 비추어 실체를 정확히 파악하기 어렵게 하거나 온갖 인간사의 갈등과 번뇌를 불러일으키는 원인으로 작용하지만, 벽은 아무것도 비추는 것이 없으므로 오히려 외부와의 접촉을 끊고 자신의 내면을 들여다 볼 수 있는 기회를 제공한다. 이런 점에서 '벽'은 육체의 눈이 아닌 '내면의 눈'이 되며 석우는 실제 인물이 아니라 지허의 내면의 자아(本性)가 된다. 즉, '사벽의 대화'는 결국 지허가 토굴생활을 하며 참구한 내면의 성찰 혹은 자기본성과의 대화를 뜻한다.

이 책이 오늘날 독자에게 의미가 있는 것은 선방 수좌의 일상생활을 진솔하면서도 일반적 논리로 풀어 설명했다는 점에서 찾아진다. 선방에서의 깨달음의 인증認證은 이른바 '선문답'을 통해 이루어지는 법이어서 일반인이 이해하거나 접근하기 결코 용이하지 않다. 그런데 『사벽의 대화』는 불교에서의 중요한 화두인 '죽음·허무' 등의 참뜻을 논리적으로 설명하고 있어 이해에 커다란 도움이 된다.

언어는 진리를 전달하는 데 한계가 있지만(言語道斷), 진리를 전달할 수 있는 가장 유효한 방법은 언어밖에 없다는 자명한 사실을 우리는 이 책을 통해 새삼 절감하는 것이다.

2011년 8월 4일 목멱 우거에서

'사벽의 대화'의 무대인 정암사 심적암 순례기

두 수좌, 목숨 건 수행현장에서
한국불교의 밝은 내일을 만나다

심정섭 | 법본신문 기자

  '사벽四壁의 대화'는 두 수좌가 치열하게 용맹정진하며 불교의 깊은 내면에 도달하는 과정을 마치 눈앞에 펼쳐놓은 듯 섬세한 필치로 그려놓은 토굴에서 1년 동안의 수행기록이다. 그 어떤 경전이나 법문 못지않게 독자에게 감동과 발심, 정진의 격발이 되고 있다. 해서 지허와 석우. 이 두 출가수행자가 그토록 목숨을 걸고 수행했던 토굴을 직접 찾아보고 싶어 하는 이들 또한 적지 않다.

  《종이거울자주보기》운동본부가 불교계의 새로운 신앙문화의 불서읽기 차원에서 진행 중인 〈책과 절〉 순례길'은, 지난 번 법정스님 무소유정신의 산실이었던 순천 송광사 불일암으로의 첫 순례에 이어, 2011년 9월 3일 두 번째 순례지로 '사벽의 대화'의 무대가 되었던 정선 정암사 산내토굴

'심적深寂'을 택했다.

　가을 문턱에 들어선 9월 3일 이른 아침. 지허스님과 석우스님이 목숨을 걸고 치열하게 수행했던 심적을 찾아 나선 우리 순례단은 저마다 책 속 감동적 장면을 머릿속에 그리며 버스에 몸을 실었고, 서울을 출발해 4시간여를 달려 주인공 지허스님이 심적으로 오르는 길을 물었던 심적암의 큰절인 강원도 정선 정암사에 안착했다.

정암사 수미노탑

정암사는 신라 선덕여왕 때 자장법사가 중국 당나라 산서성 청량산 운제사에서 문수보살을 친견한 후 부처님의 정골사리와 치아사리, 가사, 패엽경 등을 옮겨와 643년에 금탑, 은탑, 수마노탑을 쌓고 그 중 수마노탑에 부처님 진신사리와 유물을 봉안해 건립한 사찰이다. 특히 적멸보궁 뒤쪽으로 급경사를 이룬 비탈에 축대를 쌓아 만든 산 중턱 그 위, 정암사에서 가장 높은 곳에 세운 수마노탑 보물 제410호은 자장법사가 당나라에서 가져온 마노석으로 만든 이 땅 최초의 마노석 탑이기도 하다. 때문에 우리나라 5대 적멸보궁 중 한 곳인 정암사를 찾는 불자들의 발길이 년 중 끊이지 않는다.

주인공인 우리의 지허스님은 이곳 정암사에서 부목이 가르쳐준 길을 따라 함백산 중턱 심적으로 올랐다. 그러나 이미 심적으로 향하는 옛 길, 지허스님이 올랐던 그 길은 사람이 다니지 않아 끊겼다.

이곳 함백산의 험준한 산세와 울창한 숲으로 와 보지 않은 사람은 토굴을 찾기란 불가능했다. 길 흔적도 남아있지 않았기 때문이다. 깊은 산에 있는 그 흔한 토끼길마저 없었다. 그러나 우리 순례단은 다행스럽게도 '〈책과 절〉 순례길'을 이끌고 있는 송암스님이 두 차례 이곳을 다녀가 길을 열어 놓았었기에 다소 편했다. 송암스님이 처음 혼자 왔을 때는 찾지 못한 채 되돌아갔고, 두 번째는 정암사 총무인 덕진스님의 부탁을 받은 법융스님이 안내를 맡았다. 그 때 송암스님과 함께 한 안성 유지인 박석규

선생은 벌써 이곳 백두대간을 순례했던 산꾼이었고, 심적 부근의 지리를 소상히 알고 있었다.

오는 도정을 생각하면 장쾌한 전망을 자랑하는 함백산 정상까지는 가파른 시멘트 길이 이어진다. 눈 내린 겨울철 미끄러운 길이 아니어서 작은 차로 산 정상 바로 아래까지 오르는 일이 가능했다. 백두대간의 중추인 태백산맥의 한 자락인 함백산은 해발 1573미터의 고지대여서 날씨 또한 종잡을 수 없을 정도로 변덕이 심한 곳이다. 함백산은 정상에서 북쪽으로 이어지는 능선에 주목과 고사목 군락지가 있고, 약초가 많기로 유명한 곳이어서 등산객은 물론 약초를 찾는 채약꾼들이 적지 않게 드나드는 곳이기도 하다.

그러나 오늘은 태풍 탈라스의 영향으로 영동지역에 비가 내려 백두대간의 함백산이 만들어 낸 장관은 볼 수 없었다. 우리 순례단은 아쉬움을 뒤로하고 함백산 정상 바로 아래, 사람으로 치면 목 아래서부터 백두대간 등산로를 따라 '두문동재' 쪽으로 길을 잡았다. 한 사람이 겨우 지나갈 정도로 비좁은 길을 따라 1킬로미터 가량 걷자 길잡이로 나선 정암사 법융 스님이 걸음을 멈췄다. 그리고 다시 한 번 주의사항을 전달했다.

"지금부터는 등산로가 아니라 길을 직접 내면서 가야하기 때문에 매우 위험합니다. 앞뒤 사람과 잡담을 하거나 시선을 옆으로 돌리는 것도 위험하고, 특히 발밑을 주의 깊게 살피면서 미끄러운 나무뿌리는 밟지 말고, 행여 돌을 밟을 때는 발전체로 디뎌주시기 바랍니다. 아무튼 앞사람과 간격을 넓히지 말고 또한 조심조심 주의력을 기울여 걸어야 합니다. 그리고 깊은 산중이라 비를 맞으면 체온이 급격하게 내려갈 수 있으니, 지금이라도 비옷을 준비하지 않는 분들이나 체력에 자신이 없는 분들은 차로 돌아가시는 게 좋겠습니다."

결국 정암사에서부터 심적을 포기한 노년들, 여기까지 와서 돌아간 준비가 덜 된 분들을 포함해 10명 이상이 동행하지 못했다. 그리곤 우린 곧바로 심적을 찾아 '길 없는 길'로 들어섰다. 비가 내리고 운무가 낀 덕분(?)에 발걸음은 더욱 더딜 수밖에 없었다. 모두들 한 발 한 발 자신의 발끝에 시선을 고정한 채 앞사람에게 처질세라 무던히 뒤 따랐다. 그럼에도 곳곳에서 미끄러져 나뒹굴며 "어이쿠!" 하는 소리를 연발했고, '떼구르르' 돌 구르는 소리가 여기저기서 이어졌다. 마치 인간의 발길을 거부하는 산이 '진입금지'를 경고하는 것 같기도 하고, "지허스님도 쉽게 들어오지 못했는데, 너희들이 감히 무슨 마음으로 여기까지 왔느냐"며 "까불지 마라!"고 힐책하는 함백산 산신령의 준엄한 목소리 같기도 했다.

지허스님이 "오를수록 산은 가팔라졌고 냉기는 더했다. 비탈에 쌓인 눈들은 겨우내 토끼새끼 한 마리 굴리지 못해 무료하던 차에 잘되었다는 듯이 나를 엎어뜨리고 미끄러뜨리고 뒹굴게 하는 것이다"라고 했을 만큼 험한 길이다. 가면서 오른 쪽을 바라보면 가파른 낭떠러지가 잠시도 딴 생각을 못하게 긴장감을 조성했다. 함백산은 이날도 지허스님에게 무자비했던 것처럼 심적으로 가는 길을 쉽게 내주지 않았다. 그렇게 미끄러지고 돌을 굴리고 때론 사람이 구르기도 하면서 1시간여를 산 속으로 산 속으로 들어가자 울창한 숲길이 딱― 끊기고 앞이 훤히 트이면서 어른 손바닥만한 평지가 나타났다. 거기에 쓰러져 가는 아니 주저앉기 직전의 작은 집 한 채가 모습을 드러냈다. 정암사 토굴 '심적'과 마주하게 된 것이다. 지허스님 표현대로 심적 토굴은 원시인의 혈거를 겨우 면했을 뿐 현세와는 외면한

곧 쓰러질 것 같은 심적암 전경, 복원의 손길을 기다린다.

채였다. 50년 전 그때의 너와지붕 대신 양철이 지붕을 덮고 있었으나, 심적의 요사는 폐문수행의 상징인 무문관 크기의 방 둘에 부엌 하나인 그때 그대로였고, 마당 한 켠에는 어디서 내려오는지 출처를 알 수 없는 물이 대롱을 타고 내려와 샘을 채우고 있었다. 우린 감회어린 마음으로 물 한 모금을 마셨다. 또 한 켠엔 겨울철 땔감이 바스락 거리며 소리 없이 삭아가고 있었다. 무심한 세월 속에서……

세 칸 토굴 뒤쪽의 바위에는 채 한 평도 안 되는 누각이랄까, 뭐 그런 정도의 정자가 있고, 오른쪽으로는 심적에 어울릴 산신각이 살짝 숨어 있다. 그리고 아래쪽 계곡 50여 미터 떨어진 곳에 노천 해우소가 있고, 그 맞은편에 비와 바람만 막을 요량에 양철로 지은 뒷간까지 마련되어 있었다. 지허스님이 이곳을 떠난 지 50년이 지난 오늘도 심적토굴의 모습은 헐 거를 겨우 면한 그대로였다. 다만 한 가지 다른 점이라면 근래까지 철마다 이곳에서 수행하다 두어 해 전 비분강개로 홀로 입적한 마곡사 학송스님의 흔적으로 LPG가스통 몇 개와 장독대가 눈에 띌 뿐이다.

지허스님은 여기 심적을 찾아서 도반이자 스승과도 같았던 석우스님을 만났고, 그를 따라 먹을 것과 땔감을 구하며 인간의 육체적 한계를 극복해 나갔다. 또 석우스님과의 대화를 통해 정신적 가능을 추구하며 1년 동안 수행한 끝에 그만의 깨달음, 그만의 세계로 나아갈 수 있었다. 하루 종일 땔감을 구하고 먹거리를 찾아야 하는 토굴생활에서 자칫 자신도 속고 남도 속이는 나태의 늪에 빠질 수도 있었건만, 두 수좌는 치열한 정신으로 일상의 삶을 수행으로 삼아 정진함으로써 나름의 눈을 가질 수 있었던 것이다. 이는 지허와 석우 두 수좌가 1년을 함께 했던 토굴심적의 생활에서 얻은 진실을 의미하는 것인지도 모를 일이다.

이곳은 그 옛날부터 함백산 동쪽으로 절이 많아 절골이라 불렸으며 자장법사와 원효법사가 수도했다는 본적사本寂寺, 심적사深寂寺, 묘적사妙寂寺, 은적사隱寂寺 등 네 곳의 절이 있었던 것으로 전해진다. 지금 그 절들은 모두 폐사됐으나 현재 본적사 그 터에 삼층석탑강원도 문화재자료 제126호의 흔적이 남아 있어 역사의 한 줄기 빛이 말없이 그 때의 소식을 전해 주고 있음을 증명하고 있다고나 할까.

또한 달리 전해지는 말에서는 은적암을 절골의 상부인 심적골에 있어 상심적암이라 하고, 거기에서 500미터쯤 아래에 중심적암인 묘적암이 있었으며, 다시 여기서 1킬로미터쯤 아래에 하심적암을 두고 있다고 구체적으로 암자의 위치를 설명하기도 한다.

이렇게 상·중·하로 구분된 심적은 단순한 토굴이 아니라, 역사적으로 이미 오래전부터 자리 잡고 있었던 여러 암자 가운데 중심적암이 자취를 감춘 자리에 지금의 심적암을 세운 설명이 되는 셈이다.

이에 따라 지허스님의 발자취를 따라 자연이 쉽사리 내주지 않는 길을 열어가며 함백산 깊은 골 심적을 찾은 우리 순례단은 송암스님과 법웅스님의 인도로 부처님 전에 심적암의 복원을 발원하고 불자로서의 삶에 충실할 것을 다짐했다.

'〈책과 절〉 순례길'은 1962년 음력 2월 16일부터 꼬박 1년 동안을 함백산 정암사 토굴 심적에서 적빈에 가까운 자급자족으로 생명을 잇고, 진리를 구하고자 정진의 끈을 놓지 않았던 두 수좌의 치열한 삶을 찾아 나서는 순례정진이었다. 또한 지금 이 시간 또 다른 어느 곳, 모처에서 자신의 위선과 세간의 명리를 떠나 용맹정진으로 일관하고 있을 수많은 수행자들의 모습을 떠올려 본다. 한국불교의 밝은 미래를 예감하게 하는 시간이었다. 그리고 '사벽의 대화'를 접하며, 심적의 순례를 통해 두 수행자의 처절한 용맹정진을 온 몸으로 느낄 수밖에 없었던 신앙의 전율이 있었고, 거기서 심적이 주는 무한한 감동과 희열이 있었다. 이 어찌 필설이 감당하랴.

함백산을 오를 때부터 내내 시야를 가리던 안개비와 세우의 빗줄기가 다시 굵어지면서 심적을 아쉬움으로 뒤로하고 왔던 길을 되짚는다. 순간, "언제나 지금처럼 자기 발밑부터 잘 살펴 자기를 바로보고, 잘 살아가라!"는 지허스님의 자비로운 가르침이 비바람에 섞여 귓전을 때린다.

조계사 앞 법보신문 편집실에서

『사벽의 대화』를 읽은 독자의 글

나의 손자들이……
김기철 | 곤지암 보원요 도예가

이 책을, 처음 읽을 때는 흥미진진했지만 어려웠다. 두 번째 읽을 때는 내 삶의 남은 길이 보였고, 세 번째 읽을 때는 인생과 우주의 철리가 가슴 깊이 사무쳐, 깊은 인생공부가 되었다.

그 후로도 가슴 아리는 애틋함과 아련함이 밀밀히 감지되어, 이제는 내 머리맡에 두어야 할 한 권의 경전이 되고 말았다. 어쩔 수 없다. 나와 이 책과 맺어진 팔자라면……

훗날 나의 손자들이 이 책을 읽었으면, 할아비가 기뻐하고 추천했던 책이라고 좋아하면서.

이 얼마나 무지몽매한 삶인가?

김영진 | (법무법인) 청림 대표변호사

『사벽의 대화』를 처음 읽을 때는 두 스님이 마치 외계의 사람들처럼 느껴졌다. 첨단과학기술의 현대문명이 휘황찬란하고 손끝 하나만 까딱 해도 모든 걸 다 해결해 주는 편리하고 안락한 시대에 그토록 고생스럽게 생을 이어갔으니 말이다.

'이 얼마나 무지몽매한 삶인가? 구도라는 명분 아래 산 속에서 짐승(?)처럼 살아간다는 것이 오늘날 우리 현대인들에게 무슨 의미가 있을까?' 격세지감을 떨칠 수가 없었다.

감각적인 세상, 과학기술문명의 시대, 저 호랑이 담배 피던 아득한 시절의 이 책을, 난 어떤 인연으로 접했고, 한 번 읽은 후로는 콩 그릇에 저절로 손이 가듯이 지금도 붙들고 지낸다.

언뜻 보기에 두 스님의 삶은 이 복잡한 세상에 공헌할 만한 것은 한 가지도 없다. 오로지 자신들의 생존, 그 이유를 밝히기 위한 몸부림에 가까운 별난 삶에 불과하다. 그러나 그것이 전부일까? 읽어봐야만 알 수 있다고 난 말하고 싶다.

인간성 회복의 거울

이정민 | 한국예술종합학교 영상원 교수

그 뒤 두 스님의 행적은 어찌되었을까? 난 이 책을 읽는 동안 인간에 대한 연민과 기쁨이 복받쳐 흘러내리는 눈물을 멈출 수가 없었다. 그동안 잊었던 그리움의 내면을 되찾을 수 있었기 때문이었다. 난 이 글을 읽을 때마다 각성과 반성을 되풀이했고, 세 번째 마지막 책장을 넘기는 순간, 세상은 더욱 아름답고 경이로웠다. 두 스님이 고뇌하며 살았던 이 세상이 더 절실해졌고 고마워졌던 것이다. 난 이 책을 '인간성 회복'의 거울이라고 생각하여 애지중지 곁에 둔다.

우리에게 구원의 메시지

허정회 | 주부

두 스님은 '최소한의 육체적인 조건에 응하면서 최대한의 정신적인 개발을 도모해 보려는'의도라고 자신들의 토굴생활을 은연중 설명하고 있다. '포식은 육체를 죽이고 다사多思는 정신을 죽이게' 된다는 석우스님의 말을 보면 더욱 그렇다.

두 스님이 욕망을 줄이고 또 줄여 무척 단순하게 산 삶, 이 시대 일각에서는 그런 삶을 낙오되고 어리석은 인생으로까지 말한다. 그러나 육체적이고 감각적인 욕망을 충족하려고 필요 이상의 번다한 생각에 끄달려, 무지 바쁘게 살아가는 우리 현대인들에게 뭔가를 두드려 깨우는 점은 부인할 수 없겠다. 두 스님의 삶이 우리에게 구원의 메시지로 다가온다. 삶의 소용돌이 속에서 인생의 문제를 외면하며 살고 있는 오늘의 우리들, 나에게 말이다.

인류 구원의 희망

안해선 | 자영업

오늘날 우리 현대인들은 무한경쟁 속에서 산다. 때로는 잠깐의 승리에 도취되어 기뻐하는가 하면, 때로는 패배의 쓴 잔을 마시고 한없이 절망한다. 돌아보면 우리들은 그동안 지구를 너무 함부로 대했고, 환경에 대해 기분대로 했고, 이웃에 대해 자의적으로 대했다. 결국 죽기 살기식의 날선 경쟁이 우리들을 그렇게 부추겼다.

그 결과 지구는 지진 해일의 몸살을 앓고, 환경은 인간의 삶을 위협하고, 인간끼리는 적대감을 가지게 되었다. 어쩌면 이는 현대문명의 주인공

들이 치르고 넘어가야 할 대가일지도 모르겠다. 이런 성찰과 반성에서 두 스님의 토굴생활이 현대인들에게 주는 메시지는 가볍지 않다. 두 스님의 단순한 삶은 지구안정, 인류구원의 희망일 수 있기 때문이다.

여운은 길고 향기는 천리

강정화 | 한택식물원 식물담당이사

두 스님이 읍내 장터를 다녀오다 초등학교에서 울려나오는 피아노 소리에 끌려 은파와 쇼팽의 즉흥환상곡을 치는 모습에서 출신내력은 짐작하고도 남는다. 아마, 마음만 먹으면 호의호식으로 살 수도 있었을 것이다.

그런 두 스님이 나누는 토굴 대화는 커다란 침묵에서 나왔다. 다분히 철학적이고 함축된 문학이다. 몇 번이나 읽어도 여전히 어려워 정신을 바짝 차린다. 그러나 여운은 길고 향기는 천리다. 냉혹한 것 같으면서도 깊고 따뜻한 우정, 세상을 바라보는 뭉클한 연민, 서릿발 같은 생활의 질서는 나를 숨 막히게 하면서도 지금까지 겪어 보지 못했던 감동의 도가니로 이끈다.

어쩌면 옛 글, 흥미진진한 대하역사소설을 대하는 것 같았다. 조자룡이 필마단기로 적진을 휘젓듯이 내 여린 가슴을 그렇게 휘저어 놓았다.

사람은 책을 만들고 책은 사람을 만든다

김종석 | 라인하우센코리아 부사장

어느 서점에 붙어 있는 글귀다. 우리가 자주 대하는 유리거울도 그렇다. 유리거울을 사람이 만들지만 그걸로 매무새를 바로 한다. 종이거울도 매한가지다. 종이거울을 통해서 마음을 가다듬고 삶의 기준을 세워 행을 바르게 할 수 있다. 난 이 책 『사벽의 대화』를 읽으면서 '종이거울'의 중요성을 다시 깨닫게 되었다. 이제부터는 종이거울을 내 출근가방에 꼭 챙겨야 하겠다.

조그마한 선은 행할수록 큰 선이 되고
조그마한 악은 방치할수록 큰 악이 된다는 것을
알면서도 행하지 않으려는 까닭은
인간악인 명리와 위선 때문이겠습니다.